Achetez le plongeon ?

Investir dans la finance décentralisée et trader les crypto-monnaies, 2022-2023 - Bull ou bear ? (Stratégies intelligentes et rentables pour les débutants)

Bit Bros Media

Avis de non-responsabilité

Les actions, les obligations, les crypto, tout baisse : et maintenant ?

Pour les investisseurs, l'année a été mauvaise jusqu'à présent. Que ce soit sur les actions, les obligations ou les cryptomonnaies, vous avez perdu beaucoup d'argent cette année, et avec l'argent en banque, vous perdez aussi, car le taux d'inflation en avril était de presque 10 %. Où pouvez-vous encore aller avec votre argent si vous voulez en gagner ?

Pendant des années, les taux d'intérêt bas ont été le meilleur ami des investisseurs. L'épargne bancaire ne rapportant presque rien en raison des faibles taux d'intérêt, beaucoup plus d'argent a été investi dans les actions. Et cela a fait grimper les prix considérablement, ce qui a rapporté beaucoup aux investisseurs.

Par exemple, l'année dernière, vous avez gagné 28 % avec l'indice AEX, l'indice phare de la bourse d'Amsterdam. Mais cette année, l'indice AEX a déjà chuté d'environ 15 %. Seuls quatre des 25 fonds AEX sont rentables.

Les obligations alors ? Si les taux d'intérêt baissent, comme ils l'ont fait ces dernières années, cela sera bon pour les prix des obligations. Il y aura une forte demande pour les obligations existantes, car leur intérêt est généralement plus élevé que le taux du marché. Si ce dernier recommence à augmenter, cet avantage disparaîtra. Et les prix des obligations chuteront. Sur les obligations d'État néerlandaises, vous avez déjà perdu 10 % cette année.

Peur de la hausse des taux d'intérêt
La raison pour laquelle les actions et les obligations se portent mal est que les investisseurs craignent que l'inflation élevée actuelle dans la zone euro et aux États-Unis ne conduise les banques centrales à relever les taux d'intérêt. Les banques centrales essaient traditionnellement de lutter contre une inflation trop élevée en augmentant les taux d'intérêt.

Les États-Unis ont déjà commencé à le faire et les analystes pensent que les taux d'intérêt seront encore relevés dans ce pays. Christine Lagarde, directrice générale de la BCE (Banque centrale européenne), a déclaré qu'un début de relèvement des taux d'intérêt officiels aura lieu en juillet.

Cryptos alors ?
Il n'y a rien à gagner des crypto-monnaies cette année non plus. Le prix du bitcoin, de loin la crypto la plus importante, est désormais inférieur d'environ 40 % à celui du début de l'année.

Le bitcoin a été vendu comme l'or numérique, mais avec le bitcoin, vous n'obtenez pas de compensation comme des intérêts ou une part des bénéfices, explique Stan Westerterp, propriétaire de Bond Capital Partners. "Avec la hausse des taux d'intérêt, le bitcoin devient moins attractif".

De l'argent ?

Vous auriez dû laisser votre argent à la banque alors ?
Mwah, le taux d'intérêt est nul, et si vous avez plus
d'une tonne à la banque, vous payez même 0,5 %
d'intérêt. Pire encore, votre argent aura de toute façon
moins de valeur à cause de l'inflation.

Selon notre propre CBS (Bureau central des
statistiques), un euro valait en avril 9,6 % de moins
qu'un an auparavant.

L'or et les maisons

Il existe toutefois des catégories d'investissement où les
prix ont augmenté. En avril, par exemple, les maisons
étaient en moyenne 13,7 % plus chères qu'un an
auparavant. Mais l'achat d'une maison en tant
qu'investissement ne convient pas à tout le monde.

Le prix de l'or a également augmenté, de près de 1 %.
Après l'invasion russe en Ukraine, l'or a été considéré
comme un refuge en ces temps incertains. En outre, les
investisseurs se tournent souvent vers l'or lorsque
l'inflation augmente.

Valeurs énergétiques

N'y a-t-il donc plus rien dans lequel vous puissiez
investir ? Le seul investissement qui se porte bien en ce
moment est celui des actions du secteur de l'énergie,
affirme Jacob Schoenmaker. Dans l'AEX, par exemple,
Shell est de loin la plus forte hausse cette année, avec
un gain de plus de 37 %.

"Mais il ne faut pas mettre tout son argent dans les entreprises du secteur de l'énergie, car si le sentiment se retourne, ces prix vont probablement baisser à nouveau."

Ou les assureurs

Il est possible que les banques et les assureurs puissent encore profiter de la hausse des taux d'intérêt, estime Schoenmaker. Pour eux, contrairement aux actions en général, des taux d'intérêt plus élevés sont en fait bénéfiques. Mais si les cours des actions chutent, les compagnies d'assurance en particulier en souffriront, selon M. Schoenmaker.

Il est toutefois important de répartir vos investissements, prévient M. Schoenmaker. Ne mettez donc pas tous vos œufs dans le même panier. Cela signifie que vous ne pouvez pas éviter de placer une partie de votre argent dans des investissements qui sont actuellement durement touchés.

Table des matières

Avis de non-responsabilité...1

Les actions, les obligations, les crypto, tout baisse : et maintenant ?...2

Table des matières...6

Le marché au début de 2022 8

Luna (Terra) a été fermée ?...15

T a vérité sur Terra...17

La SEC enquête sur Terra ?...19

Des problèmes avec le Stablecoin ? 21

Les monnaies stables contre l'UE ? 23

Dogecoin ou Ethereum, que se passe-t-il ?...25

Pourquoi l'USDT s'effondre-t-il ?...27

L'ensemble du marché de la cryptographie est en train de s'effondrer..29

L'ETF Bitcoin démarre en Australie ?...35

Bitcoin protégé par la loi en Chine ?...37

Un fraudeur de crypto-monnaies condamné à la prison 39

L'ApeCoin (APE) se redresse...41

Warren Buffet reçoit des bitcoins gratuits ?...44

Nouvelle difficulté pour le minage du bitcoin ?................47

L'avenir du bitcoin au Brésil 49

Taxes sur les BTC en Allemagne 51

Microstratégie et Bitcoin 53

KuCoin vaut 10 milliards de dollars après un investissement de 150 millions de dollars 55

Le bitcoin se redresse fortement................57

Faut-il investir dans la crypto maintenant ? 60

Investir dans les crypto-monnaies en tant que chef d'entreprise ? 75

Quelle crypto-monnaie est la plus prometteuse ?................80

Stratégies de profit à long terme 91

Le bitcoin atteindra-t-il les 100 000 dollars en 2022 ? 95

Économie post covide 101

Comment commencer à investir dans les crypto-monnaies ?....105

Combien devez-vous investir mensuellement en Crypto et Bitcoin pour réaliser des bénéfices ?................116

Le marché au début de 2022

De plus en plus d'entrepreneurs indépendants prennent la décision d'investir dans les crypto-monnaies et les actions. Par exemple, depuis le début de la pandémie, le cours du bitcoin est plus qu'intéressant pour les personnes qui veulent faire un saut dans le grand bain du monde des crypto-monnaies.

Les investissements dans d'autres crypto-monnaies sont également en augmentation. Pensez au XRP de Ripple ou à l'Ether d'Ethereum. Vous envisagez également de vous lancer dans la monnaie numérique en tant qu'auto-entrepreneur ? Dans cet article, vous pouvez en savoir plus sur ce que vous devez savoir pour investir dans les crypto-monnaies en 2022.

Savoir comment fonctionne la crypto avant de commencer à investir
Tout d'abord, il est bon de savoir comment fonctionne la crypto avant d'y consacrer de l'argent. Des recherches récentes menées par Radar montrent que la majorité des propriétaires de crypto n'ont aucune idée du fonctionnement exact de la crypto. Le fait est qu'il existe différents types de pièces virtuelles dans lesquelles vous pouvez investir. La plus connue est le bitcoin, qui est aussi la toute première crypto-monnaie. En 2009, la première transaction en bitcoin a été envoyée par le fondateur Satoshi Nakamoto. Un an plus tard, en 2010, la première transaction commerciale a eu lieu. Deux pizzas ont été achetées pour 10 000 bitcoins.

Sachant qu'un bitcoin vaut plus de 34 000 dollars à l'heure où nous écrivons ces lignes, vous pouvez difficilement imaginer. Au fil des ans, le bitcoin est devenu incroyablement précieux. De plus en plus de personnes ont commencé à y investir et la blockchain, sur laquelle la monnaie fonctionne, est devenue de plus en plus solide et sécurisée. En plus du bitcoin, il existe d'autres crypto-monnaies dans lesquelles vous pouvez investir. Prenez par exemple le XRP sur le taux de change ripple ou l'Ether ou le taux de change Ethereum. Ces altcoins valent un peu moins que le bitcoin, mais certainement pas moins intéressants. Regardez donc attentivement quelles pièces de monnaie s'intègrent dans votre portefeuille.

Allez-vous investir dans les crypto-monnaies pour un usage professionnel ou privé ?
Une fois que vous vous êtes un peu plongé dans les tenants et aboutissants des crypto-monnaies, il est bon de se pencher sur la manière dont vous allez investir dans une ou plusieurs pièces. Après tout, en tant qu'entrepreneur, vous pouvez prendre le pari aussi bien dans le domaine professionnel que privé. Il faut savoir que lorsque vous décidez de vous lancer dans les crypto-monnaies à des fins professionnelles, tout bénéfice ou toute perte sera inclus dans le bénéfice total de votre entreprise. Ainsi, ce faisant, votre possession en crypto est considérée comme la possession de votre entreprise. Vous devez donc toujours reporter les résultats de votre investissement, par exemple le taux de change du bitcoin, sur le compte de profits et pertes.

Bien sûr, cela affecte votre administration en tant que travailleur indépendant. Par conséquent, il est toujours recommandé de faire appel à un comptable lorsque vous souhaitez investir en crypto à des fins commerciales. Comme l'investissement commercial est considéré par de nombreux entrepreneurs comme une sorte de fardeau, ils choisissent souvent d'investir de l'argent à titre privé. Dans ce cas, vous n'avez pas à inclure les pertes ou les bénéfices dans votre chiffre d'affaires et vos bénéfices totaux. Ce dont vous devez tenir compte, c'est de l'administration fiscale. Les investissements réalisés à titre privé sont toujours imposés dans la case 3 avec une taxe sur les plus-values de 0,6 % à 1,6 %. Vous devez donc déterminer vous-même, ou en concertation avec votre comptable, la manière d'investir qui vous convient le mieux.

La situation en Russie et en Ukraine affecte-t-elle les crypto-monnaies ?

Jusqu'à présent, 2022 a été une année mouvementée, tout comme 2021 et 2020. Il n'est pas surprenant que vous, en tant qu'entrepreneur, vous demandiez si vous devez investir du tout dans le cours du bitcoin, le cours du ripple ou tout autre cours. Les dernières années ont été très roses pour les différentes crypto-monnaies. Corona a joué un grand rôle dans la hausse soudaine des prix : tout d'abord, les grands investisseurs, les entreprises et les entrepreneurs ont commencé à investir dans les crypto-monnaies lorsque l'économie s'est effondrée. En conséquence, les prix ont soudainement augmenté, ce qui a suscité l'intérêt des

personnes "ordinaires" et des travailleurs indépendants.
Vous l'avez deviné : eux aussi ont décidé de commencer
à investir en masse dans les crypto.

La crise du corona a donc fait beaucoup de bien aux
crypto-monnaies. Maintenant que cette crise semble
toucher à sa fin, la prochaine se profile déjà à l'horizon :
la possible guerre en Ukraine. Si vous possédez
actuellement des crypto-monnaies, il y a de fortes
chances que vous ayez déjà vu les prix baisser un peu
ces dernières semaines. Les experts s'attendent à ce
que le prix du bitcoin baisse encore plus en cas de
guerre réelle. Les prix d'autres altcoins ont également
pris un coup au cours des deux dernières semaines. Cela
signifie-t-il que vous ne devriez pas investir dans les
crypto-monnaies ? Certainement pas. Comme
d'habitude, vous ne devez investir qu'avec l'argent dont
vous disposez. Ensuite, le prix du bitcoin ou du ripple
est une aventure incroyablement amusante et excitante
à suivre.

Qu'est-ce que le Bitcointrading ?

En termes simples, le bitcoin trading consiste à
échanger de l'argent fiat contre cette crypto-monnaie.
Les plateformes numériques comme Bitcoins Era
permettent aux gens d'acheter des bitcoins avec de
l'argent conventionnel et de les vendre plus tard. Cela
vous permet de faire des recherches et de prédire le
prix du bitcoin pour déterminer quand l'acheter ou le
vendre pour faire des bénéfices. Vous pouvez vous

inscrire sur cette plateforme pour commencer à négocier des bitcoins.

Les sociétés financières disposent de produits d'investissement basés sur le bitcoin, notamment des contrats de différence, en plus des échanges de crypto-monnaies. De tels produits vous permettent de négocier des bitcoins sans les posséder directement. Dans l'ensemble, le trading de Bitcoin est une activité en développement que les gens pratiquent pour faire des bénéfices. Voici pourquoi vous devriez commencer à trader le bitcoin cette année également.

Valorisation du bitcoin

La plupart des facteurs qui influent sur la valeur de la monnaie fiduciaire, comme la dette publique, les taux d'intérêt et l'instabilité politique, n'ont pas d'incidence sur le prix du bitcoin. Alors que cette crypto-monnaie fluctue rapidement, sa valeur augmente progressivement. En outre, la demande de bitcoin est élevée en raison de son acceptation et de son application croissantes. De plus, c'est la technologie blockchain qui régule l'offre de Bitcoin, et non les gouvernements et les banques centrales.

Aujourd'hui, les mineurs produisent de nouveaux jetons, et les gens échangent ces crypto-monnaies pour faire des bénéfices. Certains investisseurs ont obtenu des rendements supérieurs à 100 % sur leurs investissements en bitcoins. En outre, le bitcoin a atteint une valeur record de plus de 60 000 dollars par jeton. De tels détails devraient vous encourager à commencer à négocier cette monnaie virtuelle dès aujourd'hui.

Certains économistes ont prédit que la valeur du bitcoin finira par atteindre la barre du million de dollars. Cela s'explique par le fait que des pays comme le Salvador ont fait du bitcoin une monnaie légale et que davantage d'entreprises l'acceptent désormais comme moyen de paiement.

Certains ont peur du bitcoin parce que les banques et les gouvernements pourraient contrôler sa valeur, mais d'autres s'y rallient. Et comme de plus en plus de banques centrales achètent des bitcoins comme réserve monétaire, leur valeur va monter en flèche, rendant les propriétaires de bitcoins plus riches.

Bitcoin est sécurisé.

Le bitcoin utilise la technologie blockchain pour sécuriser les transactions. Vous pouvez commencer à négocier cette monnaie virtuelle dès aujourd'hui, car elle utilise un réseau peer-to-peer pour permettre des échanges anonymes. Idéalement, vous ne divulguez aucune information personnelle lorsque vous vendez des services et des articles ou que vous payez avec Bitcoin.

La transaction ne révèle pas votre identité réelle lorsque vous vendez ou achetez des bitcoins. En outre, les transactions en bitcoins sont moins chères et presque instantanées. Personne en dehors de l'échange n'a accès aux détails tels que les parties impliquées et les montants. En outre, la blockchain Bitcoin empêche la contrefaçon et la double dépense des crypto-monnaies...

Luna (Terra) a été fermée ?

Il y a de nouveau des développements majeurs à signaler concernant Terra (LUNA), la crypto-monnaie qui s'est complètement effondrée. Par exemple, certains échanges ont retiré l'altcoin de leur plateforme et le réseau s'est mis en pause.

Terra met fin à la blockchain
Tôt ce matin, il a été signalé que Terra a gelé sa blockchain. C'est la deuxième fois que cela se produit au cours de la dernière journée. Les validateurs du réseau ont débranché la blockchain au niveau du bloc 7 607 789 dans le but d'élaborer un plan pour la suite.

En conséquence, aucune cryptographie ne peut plus être envoyée sur le réseau. On ne sait pas combien de temps cela va durer. Cependant, c'est un scénario ennuyeux pour les personnes qui ont encore LUNA. Après tout, ils n'ont pas d'autre choix.

La plateforme d'échange de crypto-monnaies met en pause l'échange de LUNA
La plateforme d'échange néerlandaise Bitvavo a décidé de mettre en pause les échanges sur LUNA. Comme le réseau est complètement hors service, il y a peu de liquidités. Cela signifie également que les utilisateurs ne peuvent actuellement pas retirer LUNA de leur compte Bitvavo.

Cependant, la bourse propose un plan de compensation car la situation actuelle signifie que les utilisateurs ayant

LUNA sur leur compte peuvent avoir une "exposition non désirée" à la cryptocurrency. La compensation se compose des éléments suivants :

"Les utilisateurs recevront la valeur en EUR de leurs LUNA au moment de la pause de la transaction LUNA-EUR le 13-05-2022 8:20 AM (CET). Ces montants seront automatiquement ajoutés au compte de l'utilisateur plus tard dans la journée (tant que l'utilisateur conserve ses LUNA) et seront visibles dans l'historique des transactions."

Les utilisateurs conservent donc leurs LUNA et peuvent les retirer une fois que la blockchain est à nouveau opérationnelle. Mais comme nous l'avons mentionné, nous ne savons pas exactement quand cela se produira, ni même si cela se produira.

Binance supprime complètement LUNA

La bourse de crypto-monnaies Binance va un peu plus loin et supprime les paires de trading LUNA et UST de sa plateforme de trading. La bourse l'a annoncé tôt ce matin.

Le prix de terra (LUNA) a chuté de 99 % ces derniers jours pour atteindre 0,05 $, son prix le plus bas depuis la fin de 2020. LUNA était encore à la cinquième place en termes de crypto-monnaies les plus importantes la semaine dernière, mais chute à la position 128 au moment de la rédaction de cet article. Le stablecoin UST à l'origine de cette situation est actuellement 60 % en dessous de sa valeur.

Pourtant, les créateurs de Terra ne veulent pas baisser les bras et proposent un plan de sauvetage pour LUNA ainsi que pour UST. Le fondateur de Terra, Do Kwon, PDG de Terraform Labs, a dévoilé hier la première mesure.

Avec la proposition communautaire 1164, l'équipe veut sauver l'UST en augmentant le pool de base. La quantité d'UST pouvant être échangée contre des LUNA sera alors quadruplée. Les propriétaires d'UST pourront ainsi continuer à encaisser, mais la pression sur le prix de la LUNA sera encore plus forte. La proposition a reçu 62,6 % de votes favorables.

Nouvelles mesures pour LUNA et UST
Récemment, Terraform Labs a révélé encore plus de mesures pour sauver cette crypto. Tout d'abord, l'équipe veut détruire les jetons UST restants dans le pool communautaire de Terra. Cela impliquera la destruction d'un milliard de jetons UST lors de cette destruction. Normalement, ce pot devrait valoir 1

milliard de dollars, mais à l'heure où nous écrivons ces lignes, il ne vaut que 400 millions de dollars.

En outre, l'équipe va récupérer 371 millions d'UST stockés (enveloppés) sur Ethereum (ETH) pour les ramener sur Terra afin de les détruire également. Cela signifie qu'au total, près de 1,4 milliard d'UST seront détruites, soit environ 11 % de l'offre totale.

Enfin, TerraForm Labs va immobiliser 240 millions de jetons LUNA pour protéger le réseau Terra. En raison de la chute du taux de change, il y a de plus en plus de chances que quelqu'un puisse acheter une énorme quantité de LUNA pour mener une attaque dite "51 %". Cette personne pourrait alors prendre temporairement le contrôle du réseau, mais le manque de LUNA devrait l'en empêcher.

Les propositions suscitent une réaction très sceptique, mais la peur est alors bien installée. En fait, la panique est si grande que d'autres monnaies stables deviennent actuellement légèrement instables. Par exemple, les gens vendent USDT en échange de USDC.

La SEC enquête sur Terra ?

Il n'est pas inconcevable que la Securities & Exchange Commission (SEC) des États-Unis ne soit pas heureuse de la saga entourant Terra (LUNA) et le stablecoin UST. En fait, deux anciens avocats de la SEC ont signalé à The Block Research que la SEC a très probablement déjà lancé une enquête sur Terraform Labs dans l'intervalle.

La SEC enquête sur LUNA

Philip Moutakis, un ancien avocat de l'agence de régulation américaine, a révélé aujourd'hui qu'il suppose que la SEC a déjà commencé une enquête sur Terraform Labs. Selon lui, il est évident que la SEC n'est pas restée inactive ces derniers jours, d'autant plus qu'elle a déjà ouvert une enquête sur Mirror Protocol.

Le fondateur de Terraform Labs, Do Kwon, était aussi l'homme derrière ce Protocole Miroir.

"La SEC est déjà sur le terrain, elle enquête sur le protocole Mirror", a déclaré Kwon.

Cependant, un porte-parole de la SEC a refusé de commenter une éventuelle enquête sur Terraform Labs et UST. Selon lui, la SEC ne peut pas dire si une enquête est en cours, mais elle ne peut pas non plus dire qu'elle ne l'est pas. Pas clair, en d'autres termes.

Réglementation du Stablecoin

Les monnaies stables sont depuis longtemps une épine dans le pied des régulateurs du monde entier et la SEC n'est pas différente. L'année dernière, le président de la SEC, Gary Gensler, a qualifié les monnaies stables de "jetons de poker". Un cadre réglementaire pour les monnaies stables est en cours d'élaboration depuis un certain temps et peut-être que la disparition d'UST accélérera le processus.

Do Kwon, le 21 avril de cette année, a commenté le fait que, selon la SEC, les monnaies stables pourraient être considérées comme des titres. Selon lui, cette notion est totalement absurde. Philip Moutakis, cependant, affirme que ce n'est pas si simple :

"Même si la question de savoir si l'UST est une valeur mobilière se pose", poursuit Moustakis, "Même si le stablecoin,tel qu'il a été conçu, a pu échapper à l'application des lois fédérales sur les valeurs mobilières, des transactions ultérieures peuvent ramener le stablecoin sous la juridiction de la SEC."

Des problèmes avec le Stablecoin ?

Ces derniers jours ont été dominés par l'effondrement complet de Terra (LUNA) et de son stablecoin associé, UST. UST a perdu son ancrage avec le dollar américain et, par conséquent, le prix de LUNA s'est effondré de plus de 99 %. Immédiatement, les gens ont commencé à s'inquiéter des autres stablecoins. Au grand choc de nombreux crypto-investisseurs, la valeur de Tether (USDT) était également inférieure à 1 dollar aujourd'hui.

Tether à moins d'un dollar
L'effondrement de LUNA et UST a eu un impact majeur sur le marché des crypto-monnaies. Hier, la journée a été rouge feu et la plupart des crypto-monnaies ont connu une chute à deux chiffres. Même le bitcoin (BTC) n'a pas réussi à se maintenir et est passé sous la barre des 29 000 dollars. Une débâcle similaire pour le Tether, de loin le plus grand stablecoin, pourrait jeter pas mal d'huile sur le feu.

À l'heure où nous écrivons ces lignes, le Tether se négocie sur la plupart des principaux échanges, comme Binance, pour moins d'un dollar. Si les investisseurs en crypto-monnaies n'attendent évidemment pas cela après la journée d'hier, il est trop tôt pour dire qu'il se passe vraiment quelque chose. En fait, le Tether s'échange maintenant pour environ 0,98 $, avec un plancher de 0,956 $ sur FTX. Ce n'est pas 1 dollar, bien sûr, mais on ne peut pas encore dire que le Tether a substantiellement perdu l'arrimage avec le dollar américain.

"Tout se déroule normalement"
Le directeur technique de Tether, Paolo Ardoino, a
révélé sur Twitter la raison de la valeur actuelle de
Tether. Selon lui, tout va bien et Tether traite
simplement les "rachats d'USDT". Donc, si l'on en croit
Ardoino, la panique qui entoure Tether n'est rien
d'autre que la peur, l'incertitude et le doute (FUD).

M. Ardoino a également informé The Block Research
qu'il n'y a rien en cours pour le moment qui devrait
inquiéter les investisseurs :

"Tether continue de traiter les rachats normalement au
milieu d'une certaine panique attendue sur le marché
après le marché d'hier. Malgré cela, Tether n'a pas
refusé et ne refusera pas les rachats à ses clients
vérifiés, ce qui a toujours été sa pratique. Rien qu'au
cours des dernières 24 heures, Tether a honoré plus de
300 millions de rachats de USDt et est déjà en train de
traiter un autre milliard jusqu'à aujourd'hui sans aucun
problème."

Les monnaies stables contre l'UE ?

Si vous regardez ce qui est disponible dans le monde des crypto-monnaies en termes de monnaies stables, ce n'est pas grand-chose. À part quelques stablecoins qui copient la valeur de, disons, l'or ou l'argent, il n'y a presque que des stablecoins sur le dollar américain. Si vous lisez ceci, vous préférez probablement utiliser l'euro, mais il est difficile d'obtenir des stablecoins en dollars. La Commission européenne donne maintenant l'impression que cela va continuer.

La réponse est NON aux monnaies stables de grande valeur.
C'est ce qu'écrit CoinDesk, qui affirme avoir vu un rapport concernant la réglementation des stablecoins. La recherche provient de la Commission européenne, mais n'a pas encore été publiée. Il s'agit d'un "non-paper", qui ne représente pas la position officielle de la Commission. Avec cela, elle tente vraisemblablement de promouvoir la discussion, qui devrait aboutir à de meilleures réglementations. CoinDesk a parlé à deux personnes qui ont confirmé le contenu du rapport.

Les euro-stablecoins, qui ne proviennent pas de la Banque centrale européenne (BCE), ne sont pas carrément interdits, selon CoinDesk. La commission vise plutôt à limiter les émetteurs de stablecoins à un maximum d'un million de transactions par jour. Le journal cryptographique implique que la valeur marchande ne devrait en outre pas dépasser 200 millions d'euros.

Le motif de la décision

Bien sûr, le rapport pourrait avoir pour but non seulement de stimuler les discussions. Il se pourrait aussi que la commission indique par là qu'elle ne veut pas de grosses monnaies stables. Les États-Unis semblent autoriser ces monnaies stables pour l'instant. Actuellement, le tether (USDT) reste le plus grand stablecoin avec une valeur de marché d'environ 82 milliards de dollars. C'est bien plus que la limite théorique de 200 millions d'euros.

Une variante de dollars aussi importante signifierait que la BCE perdrait la face. La BCE, bien sûr, émet les dollars et veut en avoir le contrôle elle-même. Même si un stablecoin a un collatéral avec le même montant d'euros, cela pourrait réduire l'influence de la BCE.

L'Europe prévoit de mettre en œuvre prochainement une réglementation sur les "marchés des actifs cryptographiques" (MiCA). Le fiasco avec TerraUSD (UST) et terra (LUNA) pourrait potentiellement ajouter de la pression à ce processus. Ce fiasco indique pourquoi certains régulateurs veulent réglementer les stablecoins. Des discussions sont également en cours sur la réglementation des services basés sur les crypto-monnaies en tant que produits bancaires.

Dogecoin ou Ethereum, que se passe-t-il ?

Selon une récente enquête de TRG Datacenters, l'Ethereum (ETH) est la crypto-monnaie "la plus détestée" sur Twitter. Le dogecoin (DOGE), en revanche, est la crypto la plus aimée sur la plateforme de médias sociaux.

TRG Datacenters a analysé les messages Twitter entre janvier 2021 et janvier 2022 pour savoir quelle crypto suscitait les réactions les plus émotionnelles. Toutefois, l'étude n'a porté que sur cinq crypto-monnaies : le bitcoin (BTC), l'ethereum (ETH), le litecoin (LTC), le cardano (ADA) et le dogecoin (DOGE).

Ethereum : la crypto la plus détestée
Les résultats de la recherche montrent qu'Ethereum a reçu relativement le plus de Tweets négatifs l'année dernière, à savoir 29% du total. L'ethereum est particulièrement critiqué pour sa rapidité (par rapport aux nouveaux "tueurs d'ethereum") et ses coûts de transaction élevés.

Une augmentation de la négativité à l'égard d'Ethereum s'accompagne généralement d'une hausse de son prix. Selon l'étude, cela signifie que certaines personnes ne veulent pas que l'Ethereum soit un succès. En outre, un hard fork involontaire l'année dernière a entraîné une hausse du sentiment négatif.

Le bitcoin suivait de près avec le sentiment le plus négatif, représentant 27 % de tous les tweets. Le bitcoin

reste de loin la crypto la plus discutée sur Twitter.
Viennent ensuite le cardano avec 16 % de tweets
négatifs et le litecoin avec 8 %.

Dogecoin crypto le plus aimé
Dogecoin n'a reçu que 6 % de rapports négatifs, ce qui
en fait la crypto la plus appréciée, bien que cela soit
quelque peu curieux. Après tout, le dogecoin est une
crypto controversée qui est née d'une blague. Une
grande partie de la communauté cryptographique
n'était pas du tout satisfaite lorsque le PDG de Tesla,
Elon Musk, a tweeté principalement sur cette crypto.

Selon l'étude, les posts de Musk pourraient être la
raison précise pour laquelle le dogecoin est un favori
sur la plateforme de médias sociaux. Musk, quant à lui,
souhaite acquérir Twitter pour la somme astronomique
de 44 milliards de dollars. Le pic du sentiment positif à
l'égard du dogecoin a été atteint lorsque Musk a
annoncé que Tesla acceptait les DOGE comme
marchandise.

Il convient toutefois de prendre cette enquête avec un
grand grain de sel, car elle ne porte que sur cinq crypto-
monnaies. Il y a de fortes chances que des crypto plus
controversées comme le ripple (XRP) reçoivent
également beaucoup de sentiments négatifs. D'après
une nouvelle enquête, terra (LUNA) serait
probablement actuellement en tête des crypto les plus
détestées.

Pourquoi l'USDT s'effondre-t-il ?

Ces derniers jours ont été dominés par l'effondrement complet de Terra (LUNA) et de son stablecoin associé, UST. UST a perdu son ancrage avec le dollar américain et, par conséquent, le prix de LUNA s'est effondré de plus de 99 %. Immédiatement, les gens ont commencé à s'inquiéter des autres stablecoins. Au choc de nombreux crypto-investisseurs, la valeur de Tether (USDT) était également inférieure à 1 dollar aujourd'hui.

Tether à moins d'un dollar
L'effondrement de LUNA et UST a eu un impact majeur sur le marché des crypto-monnaies. Hier, la journée a été rouge feu et la plupart des crypto-monnaies ont connu une chute à deux chiffres. Même le bitcoin (BTC) n'a pas réussi à se maintenir et est passé sous la barre des 29 000 dollars. Une débâcle similaire pour le Tether, de loin le plus grand stablecoin, pourrait jeter pas mal d'huile sur le feu.

À l'heure où nous écrivons ces lignes, le Tether se négocie sur la plupart des principaux échanges, comme Binance, pour moins d'un dollar. Si les investisseurs en crypto-monnaies n'attendent évidemment pas cela après la journée d'hier, il est trop tôt pour dire qu'il se passe vraiment quelque chose. En fait, le Tether se négocie maintenant pour environ 0,98 $, avec un plancher de 0,956 $ sur FTX. Ce n'est pas 1 dollar, bien sûr, mais on ne peut pas encore dire que le Tether a substantiellement perdu l'arrimage avec le dollar américain.

"Tout se déroule normalement"
Le directeur technique de Tether, Paolo Ardoino, a
révélé sur Twitter la raison de la valeur actuelle de
Tether. Selon lui, tout va bien et Tether traite
simplement les "rachats d'USDT". Donc, si l'on en croit
Ardoino, la panique qui entoure Tether n'est rien
d'autre que la peur, l'incertitude et le doute (FUD).

M. Ardoino a également informé The Block Research
qu'il n'y a rien en cours pour le moment qui devrait
inquiéter les investisseurs :

"Tether continue de traiter les rachats normalement au
milieu d'une certaine panique attendue sur le marché
après le marché d'hier. Malgré cela, Tether n'a pas
refusé et ne refusera pas les rachats à ses clients
vérifiés, ce qui a toujours été sa pratique. Rien qu'au
cours des dernières 24 heures, Tether a honoré plus de
300 millions de rachats de USDt et est déjà en train de
traiter un autre milliard jusqu'à aujourd'hui sans aucun
problème."

C'était déjà un véritable bain de sang sur le marché des crypto-monnaies, mais apparemment ce n'était pas le pire. Les prix des crypto-monnaies font un nouveau plongeon et les altcoins chutent beaucoup plus que le bitcoin (BTC) cette fois-ci. Cette période est l'un des rouges les plus profonds depuis longtemps et la capitalisation boursière totale de toutes les crypto est en baisse de 14% à 1,23 trillion de dollars.

L'Ethereum chute de 20 %.
L'Ethereum (ETH) a semblé se redresser brièvement à 2 400 $ hier matin, mais a ensuite plongé avec le bitcoin après la publication de l'indice des prix à la consommation aux États-Unis. L'ETH a plongé jusqu'à 1 775 $ aujourd'hui, soit un niveau inférieur à celui de l'été dernier. Pourtant, l'ETH a ensuite effectué un petit rebond à 1 900 $, mais il a encore perdu 20 % aujourd'hui.

TRON tient un peu mieux la route
La liste des 10 plus grandes altcoins (hors stablecoins) semble légèrement différente aujourd'hui pour la première fois depuis des mois. Tron (TRX) recule dans cette liste et est celui qui a le mieux résisté au cours des dernières 24 heures. Le prix de TRX a tout de même baissé de 6 % et s'établit maintenant à 0,7 $.

BNB, XRP, DOT, DOGE, AVAX en chute libre

La pièce Binance (BNB) effectue un petit rebond vers 250 $, mais reste en baisse de 19% aujourd'hui. Ripple (XRP) est déjà en baisse de 27% à 0,37$. Polkadot (DOT) est à 25% dans le négatif et gambade actuellement à 8$. Dogecoin (DOGE) est à 28% dans le négatif et clôture à 0,076$. Avalanche (AVAX) est à 26,5% dans le négatif et s'amuse à 28$.

SOL, ADA, SHIB chutent de plus de 30%.

Solana (SOL) est en chute libre de 31% et s'établit à 43,8 dollars. Cardano (ADA) est déjà à 32% dans le rouge et tombe à 0,44$. Shiba inu (SHIB) est même 31% dans le négatif et tombe à 0,00001 $ avec lequel il a maintenant une plus petite capitalisation boursière que tron.

Les 100 plus grosses pertes en crypto

De même, aave (AAVE), waves (WAVES), neo (NEO), enjin (ENJ), dash (DASH), pancakeswap (CAKE) et near (NEAR) ont tous perdu environ 30 % aujourd'hui. Pour internet computer (ICP), decentraland (MANA), et thorchain (RUNE), le chiffre est de 31%. Arweave (AR), zilliqa (ZIL) et polygon (MATIC) sont en baisse d'environ 32%. Theta fuel (TFUEL) et convex finance (CVX) sont en baisse de 37%. Stepn (GMT) est en baisse de 38%, Graph (GRT) est en baisse de 41% et Fantom (FTM) est en baisse de 43%. eCash est en baisse de 48%.

C'est une nouvelle période très rouge sur le marché des crypto-monnaies et le bitcoin (BTC) continue de chuter comme il le fait. Le prix était déjà dans une tendance à la baisse en raison des fortes craintes sur les marchés financiers traditionnels, mais l'incident de terra (LUNA) provoque des coups encore plus lourds.

Le prix du bitcoin chute de 10 %.
Le prix du bitcoin approchait encore les 40 000 $ il y a une semaine, peu après la réunion du FOMC. Hier matin, le bitcoin avait chuté jusqu'à 30 000 $, mais semblait s'y maintenir dans un premier temps. Le bitcoin s'est ensuite redressé vers 32 000 $, mais n'a pas pu franchir ce seuil hier après-midi.

Ensuite, les chiffres de l'indice des prix à la consommation (IPC) des États-Unis ont été publiés. Nous avions déjà prévenu en début de semaine que la publication de ces chiffres pourrait provoquer une nouvelle volatilité. Le bitcoin a alors plongé sous les 30 000 dollars pour la première fois depuis l'été dernier.

Pourtant, le bitcoin a immédiatement effectué un petit rebond et s'est légèrement redressé, mais le prix n'a pas dépassé les 31 650 $ et a recommencé à baisser. À minuit, le bitcoin a brièvement trouvé un support autour de 29 000 $ et s'est légèrement redressé, mais cela aussi a été de courte durée.

Le bitcoin a ensuite plongé encore plus profondément et a même chuté ce matin sous les 27 000 dollars pour atteindre un plus bas de 26 600 dollars. Il s'agit du cours le plus bas du bitcoin depuis la fin 2020. Le bitcoin effectue un rebond vers 28 000 $ sur KuCoin et 26 550 $ sur Bitvavo à l'heure où nous écrivons ces lignes. Le bitcoin est donc encore en baisse de 10% aujourd'hui et de 30% par rapport à il y a une semaine.

Panique, liquidation, capitulation et déconnexion du BTC
Cela signifie que seuls les investisseurs qui ont acheté leurs BTC il y a plus de deux ans sont encore bénéficiaires.

Le niveau de 27 000 $ était considéré comme un plancher possible de cette tendance à la baisse. En dehors du plongeon à 26 600 $, cette limite tient toujours jusqu'à présent. Cependant, il n'est pas certain que le bitcoin puisse effectuer un renversement de tendance maintenant. La peur et la panique restent élevées et nous devrons peut-être compter avec une nouvelle baisse jusqu'à la prochaine limite, autour de 24 000 $. Certains analystes craignent même déjà une chute à 20 000 $.

Le lundi 9th mai, le prix du stablecoin UST de Terra s'est effondré. TerraUSD (UST) est incapable de maintenir son "peg" (lien) avec le dollar américain. Les réserves de devises de Terra n'étaient tout simplement plus suffisantes pour maintenir sa valeur égale à celle du dollar. Janet Yellen, la secrétaire au Trésor américain, a tout de suite profité de la situation.

Les réglementations relatives aux stablescoins sont plus importantes que jamais
Le Conseil américain de surveillance de la stabilité financière (FSOC) a tenu une conférence de presse au

cours de laquelle Mme Yellen s'est exprimée aux côtés de Jerome Powell (Réserve fédérale) et de Gary Gensler (SEC). Elle a profité de l'occasion pour faire l'éloge des monnaies stables. Selon Mme Yellen, les monnaies stables doivent être réglementées rapidement. Elle considère l'absence de réglementation sur les stablecoins comme une menace pour le système financier.

La ministre pense qu'il serait "très approprié" de pouvoir commencer à réglementer les monnaies stables d'ici la fin de l'année. Elle souhaite la mise en place d'un cadre réglementaire pour les monnaies stables en raison de l'effondrement massif de l'UST. La conférence de presse évoque également la manière dont les monnaies stables pourraient être réglementées de la même manière que les fonds du marché monétaire et les dépôts bancaires. Ceux-ci sont soumis à des exigences de garantie et de liquidité. En outre, il existe des limites au retrait et au dépôt d'argent dans les fonds du marché monétaire et les comptes bancaires. Cela permet d'éviter que les déplacements massifs de devises n'exercent une pression trop forte sur le système financier. De telles mesures sont aujourd'hui absentes aux États-Unis en ce qui concerne les monnaies stables.

Outre Mme Yellen, des hommes politiques comme le sénateur Pat Toomey, qui est habituellement très positif à l'égard des crypto-monnaies et défend le petit investisseur, ont également pris la parole.

Fiasco financier avec TerraUSD (UST)

La conférence de presse a eu lieu juste après la chute brutale du stablecoin TerraUSD (UST). Aujourd'hui, le jeton a encore chuté par rapport au dollar ordinaire. Au moment de la rédaction de cet article, le prix est tombé à un peu moins de 30 cents.

Contrairement, par exemple, à l'USDC stablecoin, qui utilise les réserves en dollars des banques américaines, l'UST s'appuie sur des algorithmes qui contrôlent la stabilité. Au début du mois, l'organisation à l'origine du stablecoin a inscrit le bitcoin (BTC) à son bilan comme garantie. Ce dernier a maintenant perdu tellement de valeur que la valeur de l'UST ne pouvait plus être garantie.

L'ETF Bitcoin démarre en Australie ?

En avril 2022, les amateurs de crypto-monnaies d'Australie ont reçu des nouvelles positives concernant le bitcoin. En effet, le régulateur financier du pays avait alors approuvé son premier fonds négocié en bourse (ETF) en bitcoin. Les ETF sont des fonds négociés en bourse. Un premier ETF bitcoin en Australie était attendu depuis un certain temps et d'ailleurs très attendu. À ce jour, trois ETF crypto sont négociables, mais le démarrage a été extrêmement lent. Cela a tout à voir avec le krach cryptographique dans lequel nous nous trouvons.

Le volume d'échange est très largement inférieur au milliard de dollars initialement prévu. Cela a un lien direct avec le fait que le bitcoin est à son point le plus bas depuis 2020. L'extrême volatilité actuelle fait que les investisseurs ne sont pas aussi enthousiastes à l'idée d'un ETF sur le bitcoin qu'on l'espérait le mois dernier.

ETFs Bitcoin en Australie.
Les trois fonds cryptographiques qui ont été lancés en Australie aujourd'hui sont le 21Shares bitcoin (BTC) ETF, leur Ethereum (ETH) ETF et le Cosmos Purpose bitcoin ETF. L'ETF Cosmos a vu un volume d'échanges de 400 000 dollars convertis au cours de la première heure. L'ETF 21Shares bitcoin peut afficher des chiffres similaires. L'ETF ethereum n'a pas dépassé les 150 000 dollars dans le même laps de temps. De maigres chiffres donc, qui ne correspondent pas aux attentes initiales.

Le PDG de Cosmos Asset Management, Dan Annan, comprend et voit également que les investisseurs sont assez prudents en ce moment. Néanmoins, Dan Annan est optimiste quant à l'avenir à long terme :

"Les investisseurs ayant une vision à long terme en termes d'exposition au bitcoin et aux crypto-monnaies comprendront que c'est une bonne opportunité pour un point d'entrée. Par conséquent, nous espérons voir une augmentation des volumes dans les prochains jours."

Pour rendre les transactions un peu plus attrayantes et dans l'espoir de stimuler les volumes, Cosmos a décidé de ne pas facturer de frais de transaction pendant les deux premiers mois. Incidemment, cette décision est également due en partie à la légère frustration des investisseurs. Après tout, l'ETF sur le bitcoin était censé être lancé il y a deux semaines, mais il a été retardé de manière inattendue.

Bitcoin protégé par la loi en Chine ?

L'année dernière, le gouvernement chinois a décidé d'interdire le commerce des crypto-monnaies, comme le bitcoin (BTC) bien sûr, pour les citoyens ordinaires. Les conséquences pour l'industrie de la crypto ont été grandes et la plupart des entreprises de crypto ont quitté le pays. Récemment, cependant, quelque chose de remarquable a eu lieu. À savoir, la Haute Cour de Shanghai a statué que le bitcoin a bien une valeur économique et est donc protégé par la loi.

Bitcoin en Chine

On l'a appris après que le tribunal a partagé une note sur la populaire plateforme de chat WeChat, rapporte Bitcoin.com. C'est la première fois qu'un tribunal chinois se prononce sur le bitcoin depuis l'interdiction introduite par le gouvernement chinois il y a un an. Cette interdiction avait été introduite à l'époque dans le but de soi-disant garantir la stabilité financière de la Chine. La décision du tribunal se lit comme suit :

"Dans la pratique réelle du procès, le tribunal populaire a formé une opinion unanime sur le statut juridique du bitcoin, l'identifiant comme un bien virtuel [...] le bitcoin a une certaine valeur économique et conformément aux propriétés de la propriété, la règle juridique du droit de la propriété est appliquée pour la protection."

Implications pour l'interdiction

Maintenant, bien sûr, la question reste de savoir comment le gouvernement et l'industrie de la crypto vont réagir à ce jugement monumental. Selon un avocat de Pékin, Liu Yang, il se pourrait simplement que ce jugement soit cité dans de futures affaires impliquant le bitcoin et d'autres crypto dans la région de Shanghai.

Si l'interdiction du bitcoin en Chine n'est certainement pas près de s'achever, cela montre néanmoins que cette interdiction controversée est peut-être en violation de la loi chinoise.

En effet, en substance, l'arrêt affirme que le bitcoin n'aurait pas dû être interdit purement et simplement. Après tout, il est protégé par la loi. Reste à savoir si le gouvernement chinois s'en soucie. En outre, des tribunaux supérieurs peuvent annuler cette décision du tribunal de Shanghai.

Un fraudeur de crypto-monnaies condamné à la prison

Le ministère américain de la Justice (DOJ) a récemment annoncé que Jeremy Spence, un trader de crypto-monnaies de 25 ans, a été arrêté pour avoir escroqué plus de 170 personnes. Spence a reçu une peine de prison de 42 mois pour cela. Spence avait lancé un fonds de crypto-monnaies et avait dit à ses investisseurs que le fonds avait réalisé un bénéfice élevé, mais ce n'était pas du tout le cas.

Spence gérait les comptes de médias sociaux du fonds d'investissement, appelé Coin Signals. Il a dû comparaître devant un juge de l'État de New York et a avoué sa culpabilité. Spence a en outre bénéficié d'une libération conditionnelle de trois ans et doit verser des dommages et intérêts de plus de 2,8 millions de dollars à ses victimes.

Système pyramidal de crypto-monnaies
Spence avait lancé le fonds dans le but de faire des bénéfices pour ses investisseurs. Cependant, cela ne s'est pas passé entièrement comme prévu et son fonds n'a fait que des pertes. Pour tenter de cacher ces pertes à ses investisseurs, Spence a créé de faux comptes. Avec les revenus des nouveaux investisseurs, il a payé les anciens investisseurs. Cela a fait que ce fonds ressemble un peu à un système pyramidal. Environ 2 millions de dollars de crypto ont circulé de cette façon.

Par exemple, le gestionnaire du fonds, âgé de 25 ans, a déclaré dans le groupe de discussion en ligne du fonds que celui-ci avait réalisé un bénéfice de 148 %, alors qu'en réalité ce n'était pas du tout le cas.

Arrêté par le FBI

L'escroc a finalement été arrêté en janvier 2021 par le Federal Bureau of Investigation (FBI). Des poursuites civiles ont également été engagées par la Commodity Futures Trading Commission (CFTC).

Spence a plaidé coupable en novembre 2021 et a été reconnu coupable de fraude sur les matières premières pour avoir volé 5 millions de dollars à des investisseurs en crypto involontaires entre novembre 2017 et avril 2019. Ce faisant, il a fait de fausses promesses sur la réalisation d'un bénéfice alors qu'il réalisait en réalité une perte.

Pourtant, au tribunal, il a exprimé des regrets pour ses actions et s'est excusé. Il a dit qu'il était "entré dans un monde auquel [il] n'était absolument pas préparé".

ApeCoin est la crypto-monnaie associée à l'écosystème du Bored Ape Yacht Club, entre autres. L'ApeCoin entre dans la catégorie des memecoins, et ceux-ci présentent généralement une plus grande volatilité que le reste du marché.

L'ApeCoin (APE) se redresse

Le déclin avant la reprise

Surtout lorsqu'on le compare à des pièces plus importantes comme le bitcoin et l'éther. Cette semaine a été volatile pour l'APE, puisque le 11 mai, il a perdu 81 % de sa valeur en un court laps de temps. Ce jour-là, le prix de l'ApeCoin est passé d'environ 11 dollars à 5 dollars.

Cependant, le prix s'est depuis bien redressé et l'ApeCoin se négocie autour de 9 $. C'est un redressement impressionnant, mais il n'est pas vraiment encourageant que le projet puisse céder plus de 80 % de sa valeur en un seul jour.

Le rebond impressionnant d'ApeCoin

Le 12 mai, l'ApeCoin s'est déjà redressé de près de 45 % à 7,30 $ et l'optimisme est prudemment revenu dans la communauté. Entre-temps, la restauration de la confiance sera complète avec le rebond à 9 $. Cependant, cela laisse ApeCoin loin du sommet historique de 27,50 $ qu'il a atteint le 28 avril de cette année.

Le mouvement en zigzag du prix de l'ApeCoin semblait suivre largement le reste du marché. Suite à l'effondrement d'UST et de l'écosystème Terra, la confiance dans le marché a pris un grand coup. Cela a provoqué un énorme chaos sur le marché et ApeCoin n'a pas pu échapper à ce sentiment non plus. De plus, la

Réserve fédérale américaine, la principale banque centrale du monde, est toujours assez belliqueuse.

Hawkish signifie qu'ils cherchent des moyens de maîtriser l'inflation et prévoient notamment de relever les taux d'intérêt. Lors de la dernière réunion du FOMC, le président Jerome Powell a annoncé son intention de relever à nouveau les taux d'intérêt de 0,5 % au moins pour les deux prochaines réunions. Il ne s'agit toutefois pas d'une certitude, car M. Powell indique qu'il souhaite pouvoir réagir de manière dynamique à tout changement de circonstances.

9.63 dollar possible résistance majeure

En ce moment, la météo est brièvement en faveur de l'écosystème Ape et le prix de l'ApeCoin a le vent en poupe. Cependant, il existe une résistance importante à 9,63 $ 0car c'est là que se trouve la ligne de Fibonacci de 0,618. Autour de ce point, le prix a également échoué plus tôt aujourd'hui. Il y a une chance que le prix continue à se déplacer vers ce prix et rencontre une résistance à ce point.

Si l'ApeCoin perce, la voie vers un prix plus élevé est ouverte. Cependant, tout dépend du reste du marché. En effet, comme pour beaucoup d'autres altcoins, le prix de l'ApeCoin montre une forte corrélation avec le prix du bitcoin. Si le bitcoin est en difficulté, il y a peu de chances que des pièces comme l'ApeCoin s'envolent. Le bitcoin, à son tour, dépend de l'environnement macroéconomique imprévisible dans lequel nous nous trouvons actuellement. La probabilité de nouvelles hausses des taux d'intérêt, d'une inflation élevée et de troubles géopolitiques n'est généralement pas bonne pour les investissements.

Warren Buffet reçoit des bitcoins gratuits ?

La légende de l'investissement Warren Buffet, qui est maintenant nonagénaire et connu comme un grand opposant au bitcoin, a un investissement indirect en bitcoin à son actif. En effet, Berkshire Hathaway, la société d'investissement de Buffet, détient une position importante dans la banque brésilienne Nubank, qui a décidé d'investir 1 % de ses réserves en bitcoins.

Il reste à voir à quel point Buffet est heureux de cette nouvelle, car il a déjà qualifié le bitcoin de mort-aux-rats au carré. En 2021, Berkshire Hathaway a investi 1 milliard de dollars (950 millions d'euros) dans Nubank. Donc, avec cela, Buffet possède maintenant indirectement le bitcoin. Cependant, cela ne peut pas être une grande surprise pour Buffet et ses acolytes, car Nubank est connue comme une banque favorable au bitcoin.

La déclaration de Nubank
Nubank affirme qu'il s'agit de renforcer la conviction de l'entreprise quant au potentiel actuel et futur du bitcoin. La banque brésilienne utilise le service de Paxos pour offrir à ses clients la possibilité d'acheter des bitcoins. En conséquence, les clients de Nubank ne peuvent pas envoyer leurs bitcoins de la plateforme vers leur propre portefeuille.

Toutefois, la banque prévoit d'ajouter cette option à l'avenir. À l'heure actuelle, cette option est encore en phase de test, et quelques pour cent des clients de la banque en bénéficient déjà. Nubank prévoit d'ajouter l'option d'envoyer des bitcoins vers un portefeuille privé pour tous les clients dans les mois à venir. En attendant, la plupart des clients de Nubank sont contraints de conserver leurs bitcoins au sein de Nubank.

Le bitcoin est le plus fort
La raison pour laquelle Nubank a choisi le bitcoin comme actif de réserve dans son bilan est la part de marché du bitcoin. La plus grande crypto-monnaie détient encore 40 % du marché et est donc considérée comme l'option la plus sûre que la crypto-monnaie ait à offrir. Avec cet investissement, Nubank cherche à s'établir définitivement comme une banque favorable au bitcoin. Outre l'achat de bitcoins par l'intermédiaire de sa plateforme de négociation normale, les clients peuvent également investir dans l'ETF bitcoin brésilien.

Moment douloureux pour Warren Buffet ?
Il reste à savoir dans quelle mesure Warren Buffet était au courant de ces plans. Après tout, il n'y a pas si longtemps, l'investisseur chevronné et prospère criait encore qu'il n'achèterait pas encore tous les bitcoins du monde pour 25 dollars et que le bitcoin n'a aucune valeur. Un investissement majeur de Berkshire Hathaway ne partage manifestement pas l'avis de Buffet et mise au contraire de plus en plus sur le bitcoin.

Les actions de Nubank sont en vente à la Bourse de New York, entre autres, et le marché semble au moins satisfait de l'investissement en bitcoins de la banque.

45

Cette satisfaction ne sera pas fondée sur l'évolution actuelle du cours du bitcoin, que l'on peut qualifier d'assez spectaculaire. Après le drame de Terra, le cours du bitcoin est maintenant retombé à un peu plus de 26 000 euros.

Nouvelle difficulté pour le minage du bitcoin ?

Les mineurs de bitcoin (BTC) vont probablement constater le crash du bitcoin dans un avenir proche. En effet, la difficulté du réseau a été ajustée hier à un niveau record. En bref, miner du BTC n'a jamais été aussi difficile, alors que le prix s'est donc effondré.

La difficulté du bitcoin à enregistrer
Depuis juillet 2021, la puissance de calcul du réseau Bitcoin a connu une tendance évidente à la hausse. La difficulté de calcul a pris un énorme coup juste avant, après que la Chine ait imposé une interdiction du minage. De plus en plus de mineurs d'autres régions du monde ont ensuite rejoint le réseau après avoir constaté qu'il s'agissait d'une activité plutôt lucrative. Et au cours de l'année écoulée, cet attrait a été principalement dû à la hausse du prix du bitcoin.

Pour garantir qu'en moyenne un bloc de transactions est ajouté à la blockchain toutes les 10 minutes, le réseau s'équilibre automatiquement en utilisant l'ajustement de la difficulté. Cet ajustement a lieu tous les 2 016 blocs. Si le temps de bloc pendant cette période était en moyenne inférieur à 10 minutes, la difficulté est augmentée. De cette façon, le travail des mineurs devient plus difficile et les temps de blocage devraient revenir à 10 minutes.

Après la tendance constante à la hausse de la puissance de calcul, qui a également atteint un record début mai,

47

la difficulté a augmenté de 4,9 % hier. Il n'a jamais été aussi difficile pour les mineurs d'extraire des bitcoins !

Les mineurs vont souffrir de la chute du bitcoin. Bien que cela indique que le réseau est également extrêmement sécurisé, il est possible que les mineurs de BTC aient des difficultés. Avec la chute du prix du bitcoin, il devient de moins en moins rentable de le miner.

Il est donc probable que le hashrate commence à diminuer dans un avenir proche. Cette diminution rendra bien sûr plus facile l'extraction de bitcoins, car la difficulté diminuera également.

L'avenir du bitcoin au Brésil

Nubank, la plus grande banque du Brésil, a annoncé le 11 mai qu'elle allait donner à ses clients la possibilité de négocier du bitcoin (BTC) et de l'ethereum (ETH). La banque a indiqué que les clients pourront négocier ces deux crypto-monnaies pour un minimum de 1 real brésilien. Auparavant, les clients pouvaient déjà investir dans des crypto-monnaies auprès de cette banque, cependant, ils ne pouvaient le faire qu'au moyen de fonds négociés en bourse (ETF).

Forte croissance de la popularité de BTC et ETH
David Vélez, PDG et cofondateur de Nubank, a déclaré que la popularité des crypto-monnaies a fortement augmenté. En outre, il a indiqué que les crypto-monnaies peuvent changer le monde.

Nubank est la plus grande banque fintech d'Amérique latine. En outre, cette banque ne fonctionne que comme une banque en ligne et propose de nombreux produits et services innovants différents. La banque travaille au sein de différentes entreprises, et des entités telles que Sequoia Capital et Berkshire Hathaway investissent dans Nubank.

Les clients n'ont pas besoin de créer un compte spécial mais peuvent simplement utiliser leur compte courant pour acheter ces cryptocurrences. C'est un grand avantage car cela garantit que ces utilisateurs peuvent entrer plus facilement sur le marché.

Les crypto-monnaies sont très populaires en Amérique latine. Certains pays autorisent plus concernant ce secteur que d'autres, cependant, nous pouvons clairement voir que de plus en plus de banques embrassent les cryptocurrencies.

Le bon timing de Nubank

Par ailleurs, cette décision de la banque est peut-être tombée au mauvais moment. Le prix du bitcoin a fortement corrigé ces derniers jours, touchant même 26 700 dollars et l'ethereum est tombé à un plancher de 1 700 dollars.

Ce n'est actuellement pas un bon moment pour le lancement de produits ou de services liés à la crypto. Un autre produit qui fera son apparition sur le marché est le premier ETF bitcoin d'Australie. Cet ETF arrivera sur le marché le 12 mai.

Taxes sur les BTC en Allemagne

Le marché des crypto-monnaies est exsangue, mais les développements autour du secteur se poursuivent ! En Allemagne, on en sait désormais plus sur la façon dont les crypto-monnaies comme le bitcoin (BTC) et l'ethereum (ETH) sont traitées par les autorités fiscales. Et c'est surtout une bonne nouvelle bitcoin pour les Allemands.

Les Allemands n'auront plus à payer d'impôts sur les bitcoins après 1 an
Le ministère allemand des Finances a récemment publié les toutes premières directives concernant la taxation des crypto-monnaies. Il s'agit d'un document de 24 pages qui aborde toutes sortes de questions concernant les crypto.

Ce document montre notamment que les personnes qui investissent dans le bitcoin, l'ethereum ou des crypto-monnaies similaires ne doivent pas payer d'impôt sur celles-ci après un an. Les bitcoins vendus après un an ne sont donc pas soumis à l'impôt sur les bénéfices.

En passant, cela s'applique également aux revenus provenant des services de jalonnement et de prêt de crypto. Le staking est le gain passif de crypto dans un réseau de proof-of-stake (PoS) comme Cardano (ADA). Auparavant, il était question que la durée d'un an soit étendue à 10 ans dès lors qu'un investisseur utilise la crypto dans le cadre d'un service de prêt ou pour faire grève, mais ce n'est pas le cas, selon la secrétaire d'État parlementaire Katja Hessel :

"Pour les particuliers, la vente des bitcoins et des éthers achetés est exonérée d'impôt au bout d'un an. Le délai n'est pas porté à dix ans si, par exemple, le bitcoin a été précédemment utilisé pour des prêts ou si le contribuable a fourni de l'éther comme participation à quelqu'un d'autre pour créer sa blockchain."

Une évolution positive pour les crypto-monnaies
Les nouvelles lignes directrices sont positives pour la crypto parce qu'il y a encore beaucoup d'ambiguïté autour du secteur. La crypto est nouvelle et il y a donc encore beaucoup de choses à travailler. Par conséquent, M. Hessel affirme que ce document ne sera certainement pas le dernier :

"Bien sûr, la publication officielle prochaine de la lettre du BMF ne constitue pas la fin de notre discussion sur le sujet, mais un résultat intermédiaire. Le développement rapide du " monde cryptographique " garantit que nous ne serons pas à court de sujets. Une lettre supplémentaire sur les obligations de coopération et d'enregistrement est déjà en cours."

Microstratégie et Bitcoin

MicroStrategy, dirigée par son PDG Michael Saylor, est l'un des plus grands détenteurs de bitcoins (BTC) au monde. L'entreprise a plusieurs milliards de bitcoins dans son bilan et est également cotée à la bourse américaine. Les investisseurs de MicroStrategy ont commencé à s'inquiéter après la chute brutale du cours du bitcoin. Toutefois, selon M. Saylor, l'entreprise ne sera vraiment en difficulté que si le bitcoin s'effondre jusqu'à environ 3 000 dollars.

Michael Saylors prêts de bitcoin
En particulier, les positions en bitcoins de MicroStrategy qui ont été achetées avec un prêt pourraient être en danger, du moins c'est ce que pensaient les investisseurs. En conséquence, des rumeurs ont circulé selon lesquelles MicroStrategy serait liquidée si le bitcoin tombait sous la barre des 21 000 dollars, ce qui serait loin d'être exclu aujourd'hui.

Cette situation est préoccupante car la filiale de la société, MacroStrategy, a contracté un prêt de 205 millions de dollars auprès de la Silvergate Bank en mars 2022, utilisant une partie des bitcoins de MicroStrategy comme garantie de la dette. MicroStrategy a ensuite utilisé les fonds pour poursuivre la stratégie BTC de la société.

Si le prix du BTC devenait trop bas, cela déclencherait un appel de marge sur le prêt de Silvergate, car la valeur de la garantie chuterait. Il s'agissait d'un point central de la conférence téléphonique sur les résultats de la société en mai, au cours de laquelle le directeur financier de la société, Phone Le, a confirmé que la société devrait vendre des bitcoins si le prix du BTC tombait en dessous de 21 000 dollars.

Le prix plancher du BTC est de 3 500 $.
Selon M. Saylor, ce n'est cependant pas si simple. En fait, il affirme que MicroStrategy détient plus de 115 000 bitcoins qu'elle pourrait mettre à disposition comme garantie dans le cas où le bitcoin tomberait à 21 000 dollars.

Ce n'est que lorsque le bitcoin s'effondrera complètement à 3 562 dollars que MicroStrategy aura vraiment un problème et qu'elle sera obligée de vendre ses avoirs en bitcoins. Heureusement, c'est encore loin et il reste à voir si ce scénario est réaliste.

KuCoin vaut 10 milliards de dollars après un investissement de 150 millions de dollars

Plus loin dans le Web 3.0 : Portefeuilles, DeFi, NFT et GameFi
KuCoin prévoit d'utiliser ce nouveau capital pour développer ses services et, en particulier, pour s'engager plus avant dans le Web 3.0. La bourse investira notamment dans les portefeuilles de crypto-monnaies, la finance décentralisée (DeFi), les plateformes de jetons non fongibles (NFT) et GameFi. Ce dernier est une combinaison relativement nouvelle de jeu et de finance blockchain.

Le tour de financement de série B a été mené par Jump Crypto et a vu la participation de plusieurs sociétés d'investissement, dont Circle Ventures, IDG Capital et Matrix Partners. Tak Fujishima de Jump Crypto a déclaré ce qui suit :

"KuCoin offre une plateforme complète de services de crypto à un public mondial, ce qui est l'une des nombreuses raisons pour lesquelles nous sommes fiers de diriger ce tour de table. Nous sommes enthousiastes à l'idée de soutenir la société alors qu'elle continue de se développer et d'élargir ses offres en matière de contrats à terme et de négociation sur marge, de prêts, de grève et de rendements passifs afin de soutenir la croissance du Web 3.0 et des marchés cryptographiques."

Améliorer les performances et la sécurité du KuCoin.
En outre, KuCoin utilisera une partie de ce nouvel
investissement pour améliorer le système de
négociation de la bourse. Le communiqué de presse
parle d'une amélioration des performances décuplée
qui permettra à la plateforme de négociation de mieux
servir ses 18 millions de clients. KuCoin prévoit
également d'améliorer la sécurité de la plateforme de
négociation.

"La confiance d'investisseurs de premier plan, dont
Jump Crypto et Circle Ventures, renforce notre vision
qu'un jour tout le monde sera impliqué dans la crypto.
KuCoin a été construit pour toutes les classes
d'investisseurs, et nous pensons que ces nouveaux
investisseurs et partenaires contribueront à faire de
KuCoin le synonyme d'une passerelle sûre et sécurisée
vers le monde de la crypto."

déclare Johnny Lyu, PDG de KuCoin. KuCoin souhaite
que KCC, la blockchain publique construite par la
communauté de KuCoin, soit un élément central de cet
écosystème décentralisé.

Le bitcoin se redresse fortement

Le bitcoin (BTC) et le marché des crypto-monnaies en général ont été durement touchés ces derniers jours. Les cours étaient déjà orientés à la baisse, mais le fiasco autour de terra (LUNA) a entraîné un marché rouge profond.

Pourtant, le bitcoin a pu se reprendre au cours des dernières 24 heures. Le marché réagit avec un certain soulagement et le sentiment devient prudemment légèrement plus positif. Néanmoins, la peur et l'incertitude restent très élevées et le bitcoin pourrait encore chuter davantage.

Le prix du bitcoin se redresse de 10 %.
Le prix du bitcoin a atteint la barre des 27 000 dollars hier matin, le 13 mai. Bien que le bitcoin ait d'abord fait un nouveau plongeon vers 26 600 $, et même vers 25 000 $ sur certains échanges, cette limite autour de 27 000 $ se maintient pour le moment.

Le bitcoin a ensuite commencé à monter. Le prix a d'abord rencontré une certaine résistance autour de 28 000 $, mais il a pu la franchir hier après-midi. Les 29 000 $ ont également offert une certaine résistance pendant un certain temps, mais le bitcoin l'a également franchi hier soir.

Ensuite, le bitcoin a été rejeté autour de 29 800 dollars, mais le prix s'est ensuite maintenu au-dessus de 28 000 dollars et a pu remonter par la suite. Le bitcoin a atteint un sommet à 30 885 $ ce matin et, à l'heure où nous écrivons ces lignes, il se négocie à 30 300 $ sur KuCoin et à 29 000 € sur Bitvavo. Le prix a donc augmenté de 10 % aujourd'hui.

Les investisseurs en bitcoins tentent de viser le fond
Il est possible que le bitcoin ait atteint son point le plus bas autour de ces 27 000 dollars et qu'il entame maintenant une reprise. Le volume commence enfin à augmenter ces dernières heures, ce qui peut indiquer un retour de la confiance.

Cependant, cela est loin d'être certain. Pour pouvoir parler d'un renversement de tendance, le prix doit maintenant d'abord sortir d'un gap très profond. Il est possible que le bitcoin se heurte déjà à une trop forte résistance autour de 32 000 dollars et reprenne ensuite sa tendance à la baisse.

Ensuite, nous devrons peut-être envisager un test de la barre des 24 000 dollars. Il est à noter que les investisseurs tentent actuellement de viser exactement le fond. Si tel est le cas, c'est généralement pratiquement impossible.

Si vous investissez à long terme et que vous avez toujours une confiance totale dans le bitcoin, il n'y a pas non plus de différence à viser exactement le fond. Si vous êtes moins confiant et/ou si vous investissez à court terme, il peut être judicieux d'attendre d'abord un signe plus fort de renversement de tendance. "N'attrapez pas un couteau qui tombe" est donc un dicton bien connu des investisseurs ; les prix peuvent toujours tomber plus bas.

Pendant ce temps, le marché à terme s'est finalement refroidi, mais il s'est malheureusement accompagné d'un grand krach. L'intérêt ouvert est actuellement à son plus bas niveau en sept mois, un signe clair de l'incertitude.

Malgré cela, un grand nombre de positions longues sur Bitfinex sont actuellement fermées, ce qui pourrait indiquer un retour de la confiance.

Faut-il investir dans la crypto maintenant ?

Si vous avez un peu suivi l'actualité ces dernières années, vous savez mieux que quiconque que l'intérêt pour le bitcoin est monté en flèche. Depuis le début de la crise corona, nombreux sont ceux qui ont fait un investissement dans la crypto.

Forte augmentation du nombre d'investisseurs en raison de la pandémie

Pour savoir si les crypto sont incontournables en 2022, il est bon de regarder d'abord les années précédentes. En effet, il y a une raison claire pour laquelle l'intérêt pour le bitcoin et les autres altcoins a augmenté en peu de temps. Corona nous a tous amenés à réorganiser notre vie quotidienne pendant un certain temps. Un verrouillage n'était pas encore terminé ou un autre verrouillage était déjà à la porte. De nulle part, les gens devaient souvent rester à la maison, ce qui signifiait dépenser moins d'argent. En même temps, ils ont vu que les crypto-monnaies se portaient très bien ; depuis le début de la pandémie, il y avait une tendance à la hausse.

Avec de l'argent supplémentaire sur leur compte, de nombreuses personnes ont décidé de faire le grand saut. Les prix n'ont cessé d'augmenter pendant la pandémie et la couverture médiatique des crypto-monnaies est restée positive. Ce qu'il faut également prendre en compte, c'est le fait que le taux d'épargne est actuellement très bas. Cela signifie que vous n'obtiendrez presque rien pour les économies que vous

laissez à la banque. En fait, dans de nombreux cas, il y a
une plus grande chance que vous gagniez plus avec en
le plaçant dans la crypto - à condition, bien sûr, que
vous soyez conscient du fonctionnement exact de la
crypto. Tous ces facteurs combinés constituent la bonne
base pour jeter un coup d'œil au monde de la crypto.

Ce que vous devez savoir sur l'investissement dans les
crypto-monnaies

De nombreux investisseurs novices se demandent s'ils
pourront gagner une bonne somme d'argent grâce à
leurs efforts dans les crypto-monnaies en peu de temps.
La réponse à cette question est : de manière générale,
non. L'investissement en crypto est plus rentable
lorsque vous investissez à plus long terme. Cela signifie
que l'achat de bitcoins ne devrait se faire qu'avec de
l'argent qui peut vous manquer pendant un certain
temps et dont vous n'avez donc pas besoin
immédiatement. En fait, la pratique passée a montré
que la valeur du bitcoin et d'autres pièces a commencé
à augmenter au fil des ans. Bien sûr, il peut arriver que
votre mise vaille soudainement beaucoup un jour ou
que sa valeur se soit effondrée.

Il est important de ne pas agir sous le coup de l'émotion
à un tel moment, mais de s'en tenir à une stratégie
claire qui vous aidera à gagner de l'argent sur le long
terme. Ce n'est pas pour rien que la valeur du bitcoin
est si élevée aujourd'hui ; il y a eu beaucoup de hauts et
de bas. Cependant, le fait est que le bitcoin a
commencé avec une valeur de 0 $. En 2010, deux pizzas
ont même été payées avec 10 000 bitcoins. Il est

difficile d'imaginer cela maintenant qu'un bitcoin a dépassé ce montant plusieurs fois. Les experts s'attendent à ce que le bitcoin et d'autres crypto-monnaies deviennent la monnaie de l'avenir, il n'y a donc aucun mal à s'y préparer dès maintenant.

Crypto en 2022 : investir ou ne pas investir ?

Par conséquent, il est définitivement recommandé de commencer à investir dans les crypto-monnaies en 2022, si vous avez l'argent pour le faire et si votre intérêt s'y trouve. Plusieurs traders, courtiers et professionnels du domaine des crypto-monnaies s'attendent à ce que 2022 soit une année intéressante pour les prix. En fait, c'est déjà le cas ; en raison des attaques de la Russie en Ukraine, nous assistons à de nombreux hauts et bas sur le prix du bitcoin. On ne sait jamais ce qui va se passer d'autre et comment cela va affecter les crypto-monnaies. C'est le seul "inconvénient" à investir dans cette monnaie virtuelle : elle est incroyablement volatile.

Cependant, si vous en tenez compte lorsque vous commencez à investir dans les crypto-monnaies, cette année est certainement un bon moment pour commencer. Ces dernières années, la hausse des prix a prouvé beaucoup de choses. Il y a de fortes chances que les choses ne fassent que s'améliorer dans la période à venir sur les différents taux de change. N'oubliez pas qu'un jour peut aller mieux que le suivant et que vous ne devez pas investir avec de l'argent dont vous avez immédiatement besoin. Ce n'est qu'à cette condition qu'investir dans le bitcoin ou toute autre crypto-monnaie est amusant et excitant et surtout rentable.

Les meilleures crypto-monnaies 2022
La crypto-monnaie numéro un au monde, le bitcoin, n'a pas besoin d'être annoncée comme une option d'investissement. Même pour 2022, elle reste la meilleure pièce à acheter maintenant. Mais dans quoi d'autre pouvez-vous investir en 2022 ? Stellar Lumens, XLM, peut également être considéré comme une bonne pièce à acheter maintenant. XLM a peut-être connu une année 2020 mouvementée, mais il se négocie désormais près de son ATH. De plus, il y a quelques grands projets prévus à l'horizon.

Par exemple, Stellar Lumens lui-même a récemment investi 5 millions de dollars dans Wyre, un service de paiement blockchain de premier plan. Cet investissement permettra à XLM d'accéder à des paires de devises. En outre, Stellar a été choisi par la banque centrale ukrainienne pour contribuer au développement de sa propre CBDC, la monnaie numérique de la banque centrale.

La deuxième plus grande crypto-monnaie que nous ne devons absolument pas oublier en 2022, Ethereum. L'ETH est particulièrement important pour les développeurs, qui peuvent ainsi développer et exécuter diverses applications sur la plateforme Ethereum. La taille du marché de l'Ethereum représente environ 19 % de celle du Bitcoin. Par conséquent, l'Ethereum peut

certainement aussi être appelé la meilleure crypto-
monnaie dans laquelle investir.

L'une des options pour 2022 est également le Dogecoin.
Il a été lancé comme une blague par deux
programmeurs. Néanmoins, Doge bénéficie de
l'attention de personnes influentes, telles que Musk de
Tesla, Gene Simmons du groupe de rock Kiss et le
rappeur Snoop Dogg.

Les meilleures crypto-monnaies à acheter en 2022
Quelle est la meilleure crypto pièce en 2022 pour
acheter encore plus ? Une autre pièce de crypto-
monnaie que vous pouvez considérer comme le
meilleur investissement en 2022 est Litecoin. Utilisant
LTC comme jeton, basé sur le Bitcoin, Litecoin a été
lancé en 2011 par Charlie Lee. Le Litecoin est souvent
appelé l'argent de l'or du Bitcoin. Le Litecoin partage de
nombreuses similitudes avec le Bitcoin. Cependant, le
LTC a un taux de blocage plus rapide et offre donc un
temps de confirmation des transactions plus rapide.

Moins populaire parmi les développeurs, mais le
nombre de vendeurs acceptant le LTC est en
augmentation. Le LTC a une capitalisation boursière de
13 milliards de dollars au moment de la rédaction du
présent document.

La crypto-monnaie DOT du créateur Polkadot devrait
devenir plus intéressante en 2022. La connexion de
blockchains autorisées et sans permission ainsi que
d'oracles attirera davantage ce système. L'objectif est

de permettre à différents réseaux de coopérer les uns avec les autres sans compromettre la sécurité. C'est d'ailleurs l'un des avantages de Polkadot par rapport à Ethereum.

Vous pouvez créer votre propre blockchain sur Ethereum avec votre propre jeton, mais vous devrez également mettre en place votre propre sécurité. Alors que sur Polkadot, vous pouvez utiliser une sécurité partagée.

De plus en plus d'investisseurs et de traders s'intéressent aux crypto-monnaies et en particulier au bitcoin. De nombreuses personnes ont l'intention de se lancer dans le monde des crypto-monnaies mais ne savent pas quand le faire. Faut-il se laisser guider par les success stories ou vaut-il mieux ne pas le faire ? Dans cet article, vous découvrirez la réponse.

Opportunités d'investir dans les Bitcoins

L'intérêt accru pour les crypto-monnaies a fait en sorte qu'il existe également de nombreuses possibilités d'investir dans les bitcoins. Alors que dans le passé, vous ne pouviez vous adresser qu'à des sites web étrangers pour cela, aujourd'hui, vous pouvez également vous adresser à différentes organisations aux Pays-Bas. Il existe plusieurs bourses (néerlandaises) et en utilisant les services d'une organisation telle que Bitcoin Pro, vous pouvez même y appliquer un robot de trading. Vous pourrez ainsi vous décharger d'une partie du travail de négociation des bitcoins.

Quel est l'intérêt d'un investissement en bitcoins ?

D'après les médias, l'investissement en bitcoins est très intéressant. Il suffit d'effectuer une recherche rapide pour lire plusieurs histoires de réussite à ce sujet. Bien que ces histoires soient très intéressantes et qu'elles incitent même de nombreuses personnes à faire elles-mêmes un investissement en bitcoins, les risques encourus ne doivent pas être ignorés. Après tout, les prix des bitcoins sont sujets à des changements considérables. Il n'est pas exclu que d'énormes pics de prix alternent avec de fortes chutes de prix. Si cela peut engendrer des risques, c'est aussi une bonne occasion de déterminer le meilleur moment pour réaliser un investissement en bitcoins.

Acheter bas, vendre haut

Lorsqu'on parle du meilleur moment pour investir dans les crypto-monnaies, l'expression "acheter bas, vendre haut" vient rapidement à l'esprit. Après tout, une erreur courante consiste à choisir un investissement en bitcoins lorsque le prix est très élevé. Après tout, de nombreuses personnes sont inspirées par les success stories susmentionnées diffusées par les différents médias. Pour maximiser votre retour sur investissement, il est préférable d'investir lorsque le prix du bitcoin est au plus bas et de vendre lorsqu'il est au plus haut. En outre, il est judicieux d'étaler l'investissement. Cela peut se faire en réalisant l'investissement lui-même en plusieurs parties ou en choisissant plusieurs cryptocurrences dans lesquelles investir. Ce qui précède souligne qu'il est très important de suivre de près les prix des crypto-monnaies et toutes les nouvelles mondiales pour déterminer le meilleur moment pour un investissement en bitcoins.

L'énorme engouement pour le bitcoin en 2018

En y repensant, un très grand sourire se dessine sur mon visage. C'est à l'été 2018 que j'ai commencé à me plonger dans le bitcoin. Et plus précisément la technologie blockchain. Le tout premier article que j'ai lu portait sur le bitcoin. À l'époque, je voyais le potentiel de cette monnaie numérique, mais je n'y croyais pas vraiment. Cependant, le deuxième article que j'ai lu ensuite a retenu toute mon attention. Ce deuxième article portait sur la blockchain, la technologie qui sous-tend le bitcoin. Cette technologie est fascinante, car elle est basée sur la décentralisation et une grande traçabilité au sein de la blockchain. J'ai été convaincu, et j'ai décidé de faire mon tout premier investissement. Seulement, pas pour investir dans le Bitcoin, mais dans l'Ethereum.

Aujourd'hui, il existe de nombreux sites de finance où vous pouvez acheter des bitcoins. Mais à l'époque, à l'été 2018, il n'y avait que quelques sites web où vous pouviez le faire. Souvent, vous deviez ensuite enregistrer le code de la blockchain sur une clé USB ou sur papier. Il n'est pas surprenant que tant de personnes aient perdu ses codes, ainsi que tous leurs bitcoins ! Heureusement, cela fait maintenant partie du passé. Quoi qu'il en soit, à l'époque, j'ai acheté mes premières pièces Ethereum. J'avais acheté quatre pièces pour 100 dollars chacune. Oublions un instant le fait que j'étais encore un grand amateur à l'époque et que j'avais commis de nombreux pièges pour les investisseurs novices. Mais parfois, la chance sourit aux stupides, et c'était vrai pour moi à l'époque. Car apparemment, j'étais entré juste avant l'énorme engouement pour le bitcoin. Et oui, cela m'a apporté des rendements extrêmement élevés.

Comment mon premier investissement en Ethereum a eu un rendement de +900%.

Quand j'ai acheté Ethereum, j'ai aussi acheté d'autres crypto-monnaies. Et puis tout a commencé. À un moment donné en septembre et octobre 2018, la hype du bitcoin a frappé. Les crypto-monnaies sont montées en flèche les unes après les autres. Par exemple, au plus fort de la hype, mes pièces Ethereum valaient 1000 dollars chacune. Je les avais achetées pour 100 euros, et cela représente donc un rendement de 900 %. J'avais aussi acheté des pièces Litecoin qui étaient passées de 50 dollars à 250 euros. Et l'un de mes meilleurs investissements était Verge. Avec Verge, j'ai gagné la somme énorme de 5 000 dollars à partir de 100 euros. Mais comme je l'ai dit, j'étais un amateur total à l'époque et j'ai fait beaucoup d'erreurs.

Heureusement, je n'ai pas tout fait de travers. Par exemple, je n'avais investi qu'avec l'argent que je pouvais épargner. C'est l'une des règles les plus

importantes pour devenir riche en investissant :
n'investissez qu'avec l'argent qui vous manque. J'avais
investi un total d'environ 1500 euros. Et à un moment
donné, cela valait environ 13 000 euros. Oui, c'est un
rendement extrêmement élevé en seulement quatre
mois. Malheureusement, ma plus grande erreur a été
de me laisser complètement emporter par le battage
médiatique. J'ai oublié quelque chose de très important
: collecter des bénéfices. Pendant tout ce temps, j'ai
conservé ma crypto-monnaie, même jusqu'à ce jour.
Heureusement, le prix remonte un peu, mais il faudra
des années avant de retrouver les niveaux de 2018.

Morale de l'histoire : si vous investissez dans un battage
publicitaire, veillez à empocher vos bénéfices à temps.
Car avant que vous ne le sachiez, il sera peut-être trop
tard et vous vous retrouverez les mains vides.

**Mais attention : ne pas encaisser mes bénéfices n'a
pas été ma plus grosse erreur.**

Le manque de cas d'utilisation et de valeur du bitcoin en
2018.
La plus grosse erreur que j'ai faite en 2018 a été
d'investir dans la hype. Des tas de gens sont devenus
millionnaires en investissant dans le bitcoin. Et je
n'exclus pas la possibilité de voir beaucoup plus de
millionnaires dans les années à venir grâce au Bitcoin.
Mais la grande différence entre moi et ces millionnaires,
c'est que tous ces millionnaires en bitcoins sont arrivés
très tôt. Ils investissaient déjà dans le potentiel de cette
monnaie numérique depuis 2013. À l'époque, vous

pouviez investir dans le bitcoin pour moins d'un euro !
Dans ce cas, cela peut valoir le coup d'investir, disons,
500 dollars dans quelque chose qui peut avoir un
énorme potentiel. C'est toujours mieux que de miser
500 dollars sur le noir ou le rouge au Casino.....

Le bitcoin a fait l'objet d'un véritable battage
médiatique en 2018. À l'époque, il n'avait que du
potentiel, mais il n'y avait aucune valeur tangible
derrière lui. Il n'avait pas non plus de cas d'utilisation
solide. Ce dernier consiste à dire qu'une technologie a
également des applications utiles dans la pratique. Le
bitcoin n'a toujours aucune valeur en 2022. Vous
pouvez difficilement l'utiliser où que ce soit, et le taux
de change fluctue toujours beaucoup trop, ce qui en fait
un moyen de paiement non valable. Le bitcoin n'est
donc pas un investissement intelligent à mes yeux.

Pour moi, un investissement intelligent est un
investissement dans quelque chose de tangible qui
génère réellement des revenus et surtout des bénéfices.
Pensez aux fonds immobiliers qui récoltent d'énormes
bénéfices chaque mois grâce à l'argent des loyers. Ou
pensez aux actions de croissance des entreprises
populaires émergentes. Comme les entreprises se
développent de plus en plus chaque année grâce à une
base de clients croissante, elles génèrent également de
plus en plus de ventes et de bénéfices. La valeur d'une
entreprise augmente donc. Plus le potentiel de
croissance d'une entreprise est élevé, plus elle a de la
valeur. Cela s'applique également aux secteurs
d'activité. Certains secteurs se développent plus

rapidement que d'autres. Par conséquent, investir dans les marchés en croissance est un investissement très logique et intelligent. Nous constatons souvent que cette valeur se reflète dans le cours de l'action. Une action est alors relativement "chère". Mais si vous avez de la chance, vous trouverez des actions de valeur dont le prix est relativement "bon marché". Cette façon d'investir est également appelée "Value Investing".

Est-il sûr ou non d'investir dans le bitcoin et les crypto-monnaies ?

Entre-temps, les plateformes sur lesquelles vous pouvez acheter des bitcoins s'améliorent et deviennent plus conviviales. Satos en est un exemple. Il s'agit de la plateforme de négociation de crypto-monnaies la mieux notée en Europe. Une évolution très importante à cet égard est la protection. Les plateformes de trading de 2022 ont une bien meilleure sécurité que ce n'était le cas en 2018 et même avant. À l'époque, il y avait toutes sortes d'histoires dans les médias sur le vol de bitcoins par des pirates informatiques. Heureusement, cela fait de plus en plus partie du passé (et surtout si vous êtes un petit investisseur). La sécurité est désormais comparable à celle des plateformes d'investissement normales. Malheureusement, la réalité est que les bitcoins sont plus susceptibles d'être piratés qu'un portefeuille d'investissement normal composé d'actions (qui sont rarement piratées). Donc oui, la sécurité s'est améliorée, mais elle n'est toujours pas aussi élevée que celle des investissements "normaux".

Quand est-il bon d'investir dans les crypto-monnaies ?

Si l'on en croit la réalité, on peut dire que c'est une bonne idée d'investir dans les crypto-monnaies. C'est notamment le cas si vous êtes quelqu'un qui souhaite obtenir une exposition directe concernant la demande réelle de ce type de monnaie.

Dans le même temps, l'idée d'acheter des actions exposées à la monnaie numérique est beaucoup moins risquée. Il est possible que les avantages soient moindres, mais il n'est certainement pas nécessaire d'être sur la corde raide en raison d'une extrême volatilité.

Risques liés aux crypto-monnaies

Lorsqu'il s'agit de parler des risques, il y en a plusieurs. Ne favorisons pas simplement la crypto en la considérant comme exempte de toutes sortes de problèmes. Au contraire, il existe certains facteurs dont vous devez être bien conscient avant de décider d'investir ou non dans la crypto.

Vulnérabilité aux cyberattaques

- Une concurrence féroce
- Possibilité de réglementations futures plus strictes
- Vulnérabilité aux cyberattaques

Contrairement aux marchés boursiers, les bourses de crypto-monnaies sont assez vulnérables aux cyberattaques. Comme cette monnaie est numérique et totalement intangible, elle peut être piratée. Il y a de fortes chances qu'elle devienne la cible de toutes sortes d'activités criminelles. Même certains des plus grands investisseurs ont été la proie de ces cibles par le passé.

Par conséquent, ils ont perdu un montant important d'investissement à cause de ces attaquants. Une grande partie de leur monnaie numérique a été volée parce qu'il y a eu une faille de sécurité à mi-chemin d'un échange de crypto.

Bien que l'utilisation de techniques d'analyse du marché du bitcoin rende les choses assez sûres, vous ne pouvez toujours pas garantir un revenu à 100 % de vos investissements.

Le stockage de crypto-monnaies est un processus assez difficile. En comparaison, la possession d'obligations est considérée comme beaucoup plus facile. Cette vulnérabilité des monnaies numériques a vraiment dissuadé de nombreuses personnes d'y investir.

Une concurrence féroce

La concurrence dans le domaine des crypto est féroce. Même si le risque est élevé, les gens lui font confiance et achètent en masse. La blockchain, soutenue par l'industrie, se développe de jour en jour. L'ensemble de l'infrastructure repose sur le numérique et l'écosystème des crypto-monnaies prend beaucoup d'ampleur.

Ainsi, lorsqu'il s'agit d'acheter une crypto, vous risquez d'être confronté à une forte concurrence. Sa valeur peut augmenter entre le moment où vous décidez de l'acheter et le moment où vous mettez la main dessus. Il est donc nécessaire de prendre des décisions rapides et de rester sur la bonne voie.

Possibilité de réglementations futures plus strictes
Les gouvernements et les institutions internationales étant de plus en plus conscients de l'importance des crypto-monnaies, il est possible que des réglementations strictes s'appliquent au secteur à l'avenir. Même les experts du FMI ont appelé à un meilleur niveau de réglementation du secteur, ce qui montre que cela pourrait être possible à l'avenir.

Investir dans les crypto-monnaies en tant que chef d'entreprise ?

L'investissement en crypto est de plus en plus connu des consommateurs, mais les entreprises sont également en mesure de trouver leur chemin vers l'échange. Toutefois, une organisation doit répondre à d'autres exigences et se soumettre à un processus de vérification strict. Tenez également compte du fait que vous devez payer des taxes et que vous devez parfois convertir vos actifs en crypto en euros, afin que le solde correct des profits ou des pertes puisse être déterminé. Dans cet article, je vous explique comment investir dans les crypto-monnaies en tant qu'entreprise et quelles en sont les implications.

Investir dans les crypto-monnaies en 2022
Vous souhaitez investir en crypto avec vos actifs professionnels. Dans cet article, je vais vous dire comment, mais commençons par le début. Qu'est-ce qu'investir en crypto en 2022, c'est vraiment intelligent ?

Nous sommes dans une situation particulière en ce moment, car toutes sortes de choses se passent dans le monde. Nous évoluons à un rythme effréné vers un nouveau système financier, il y a énormément de pénurie sur le marché des matières premières, des guerres éclatent et notre climat est tout sauf stable. Dire que c'est le chaos est un euphémisme.

L'inconstance des prix sur le marché des crypto-
monnaies est heureusement tout à fait normale. On ne
parle pas de marché "volatil" pour rien ; les fluctuations
brutales n'ont rien d'étrange et c'est à cela que vous
devez vous préparer. En fin de compte, chaque baisse
ou hausse est une réaction à un événement ou à une
tendance du marché, ce qui est donc tout à fait logique.
Vous ne pouvez pas profiter des hausses s'il n'y a pas de
baisses, c'est comme ça que ça marche.

La semaine dernière, j'ai également écrit un article sur
ce que vous pouvez faire de votre argent en période
d'incertitude et mon collègue Christiaan a écrit sur la
façon d'investir votre patrimoine dans l'or. L'or se porte
également bien en période de baisse du dollar.

Stockez vos pièces numériques en toute sécurité
Une fois que vous les avez achetées, vos pièces se
trouvent sur la bourse. Ce n'est pas un endroit sûr pour
les stocker, car en cas de piratage ou de crash, vous
avez tout perdu. Bien sûr, ce n'est pas ce que vous
voulez pour vos actifs commerciaux. Voici les options
qui s'offrent à vous :

Portefeuille hébergé - Il s'agit d'un portefeuille qui est
souvent déjà créé par la bourse elle-même, lorsque
vous achetez vos devises. Par exemple, si vous achetez
de l'Ethereum (ETH) par l'intermédiaire de Bitvavo, vos
fonds iront directement dans un tel portefeuille. C'est
évidemment sûr, mais ce n'est de loin pas l'option la
plus sûre ;

Portefeuille logiciel - Un portefeuille logiciel est un environnement en ligne dans lequel vous stockez vos cryptos. Vous téléchargez ce portefeuille sur votre ordinateur ou dans une application sur votre appareil. Vous êtes le seul à disposer de ces informations de connexion et aucun tiers n'est impliqué, mais ce n'est toujours pas l'option la plus sûre ;

Portefeuille matériel - C'est une option que je recommande moi-même. Grâce à un portefeuille matériel, tel que le Ledger, vous êtes assuré que tout est sous votre contrôle. Cela vous évite de vous inquiéter et de perdre vos pièces en cas de piratage ou de panne.

Comment trouver les bonnes pièces ?
Remarque : il s'agit d'une note annexe destinée à faciliter votre recherche des pièces numériques appropriées. Il ne s'agit pas d'un conseil financier et il n'est absolument pas question de vous dire dans quoi vous devriez investir. C'est à vous de décider dans quoi investir et comment le faire. Faites vos propres recherches !

Il s'agit de lignes directrices pour trouver la bonne option d'investissement pour vous :

Utilisez un échange fiable, sécurisé et adapté à vos besoins ;
Profitez du fait qu'avec les crypto-monnaies, vous pouvez souvent (note : pas toujours) obtenir des

rendements que vous ne pouvez absolument pas
obtenir avec de l'épargne ;

Vous pouvez opter pour un certain nombre de pièces ou
créer un large portefeuille. Est-ce que vous choisissez
un peu de tout, est-ce que vous choisissez
spécifiquement le DeFi ou est-ce que vous vous en
tenez à quelques altcoins ?

Examinez attentivement les options qui s'offrent à vous.
Allez-vous acheter et HODL, donc épargner pour le long
terme ? Voulez-vous acheter pendant une baisse et
vendre pendant un pic ? Voulez-vous faire un strike ?

Certaines bourses offrent aux entrepreneurs des bonus
spéciaux, des offres de prévente ou des transactions
afin qu'ils investissent de plus en plus souvent dans la
crypto. Si cela vous convient, profitez-en !

Bénéficier en tant qu'entreprise des tendances actuelles
en matière de crypto-monnaie
En tant qu'entreprise, voulez-vous faire plus que
simplement investir dans les crypto-monnaies ? Peut-
être même voulez-vous diriger une entreprise ou un
projet entièrement actif dans ce secteur ! Ou bien vous
voulez savoir comment payer le moins d'impôts
possible sur vos crypto actifs, de manière légale bien
sûr.

L'investissement commercial dans la crypto-monnaie
peut certainement être rentable. Oui, vous devez savoir
ce que vous faites et oui, vous devez également tenir de

bons registres. Mais c'est aussi le cas sans les investissements en crypto. Si vous utilisez un échange fiable, créez un compte commercial et stockez vos pièces numériques achetées en toute sécurité, cela peut vous donner un bon rendement.

Il est bon de savoir qu'en plus d'investir dans la crypto, vous pouvez également créer une entreprise dans le monde de la crypto. Pensez à faire des NFT, à conseiller les gens ou à fonder un projet sur la blockchain. Quel que soit votre projet, et quelles que soient vos ambitions, le monde de la crypto est à vos pieds. Je vous souhaite bonne chance et beaucoup de plaisir !

Investir dans le taux de change du Cardano en 2022

L'une des pièces dont les experts attendent beaucoup dans les années à venir est l'ADA sur le taux de change Cardano. Si personne ne peut prédire le cours des crypto-monnaies, ce n'est pas pour rien. L'équipe derrière Cardano travaille dur pour renouveler et améliorer le réseau, ce qui se reflète directement dans les prix. Par exemple, en mars 2020, la monnaie ne valait que 0,03 $ et nous constatons qu'en août 2021, l'ADA avait une valeur de 2,61 $. Les experts s'attendent à ce que le taux de change du Cardano reste calme au début de l'année 2022 avant de connaître une hausse. C'est surtout le long terme, pensez à 2023 à 2025, qui rend intéressant l'investissement dans le Cardano.

Quelle crypto-monnaie est la plus prometteuse ?

La crypto est devenue une sensation croissante ces dernières années ; la vitesse à laquelle la crypto est devenue une tendance a été plus rapide que l'adoption de l'Internet lui-même, et la fin est loin d'être en vue. La fin est loin d'être en vue. La crypto est chaude, la crypto est tendance, et beaucoup d'argent y est investi. Les prévisions crypto 2022 sont donc attendues positivement par de nombreux investisseurs, et trouver les meilleures pièces devient de plus en plus difficile. De plus en plus de petites cryptos à potentiel émergent. De même, de plus en plus d'échanges et de marchés de crypto-monnaies voient le jour.

D'ici la fin de l'année 2025, il devrait y avoir environ un milliard de portefeuilles Bitcoin dans le monde. Ce chiffre devrait continuer à augmenter en raison de la portée mondiale d'Internet et des nombreux pays qui commencent à accepter le bitcoin comme monnaie légale.

Nouvelles crypto-monnaies 2022
Mais il n'y a pas que le Bitcoin qui se développe, mais aussi d'autres crypto-monnaies comme l'Ethereum, dont la tendance depuis 2019 s'est développée plus rapidement que celle du Bitcoin. La croissance de la finance décentralisée (DeFi) est encore plus impressionnante, le nombre d'utilisateurs ayant triplé depuis le début de l'année 2021. Ce marché "risqué" a attiré davantage d'investisseurs, et alors que 2021

atteint son dernier trimestre, les investisseurs sont maintenant à la recherche des meilleurs investissements crypto en 2022. La pièce qui va monter en 2022 dépend principalement des projets qu'elle représente. Quelles nouvelles crypto monnaies vont prendre le dessus en 2022, nous pouvons le voir à travers les exemples ci-dessous.

Prévisions concernant les crypto-monnaies pour 2022
Les marchés des crypto-monnaies sont plus volatils que les marchés boursiers, ce qui rend encore plus important en tant qu'investisseur de bien étudier les différentes crypto-monnaies, et quel est le plan à plus long terme pour les projets derrière la crypto-monnaie. Dans ce chapitre, nous allons aborder les 8 meilleures crypto-monnaies 2022 en dehors du Bitcoin, afin que vous puissiez, en tant qu'investisseur, faire un choix réfléchi pour votre portefeuille d'investissement en 2022. Ne vous plongez pas seulement dans le prix de la crypto, mais aussi le bon type d'échange de crypto peut faire une grande différence dans votre expérience d'investissement. Même si les prévisions crypto 2022 sont positives, soyez sûr avant d'investir de l'argent. Tenez-vous au courant des dernières nouvelles concernant les crypto-monnaies sur des sites Web comme marketupdate.co.uk et sur des bourses comme Binance.

Les meilleures crypto-monnaies 2022 pour investir.
Les crypto-monnaies suivantes sont des projets qui fonctionnent bien et dont on attend beaucoup de la crypto 2022. Surtout pour les investisseurs qui

cherchent un investissement à plus long terme, ces crypto-monnaies sont un bon choix pour s'impliquer davantage. Nous ne donnons pas de conseils financiers, mais nous partageons ces informations en fonction des résultats des derniers mois, ainsi que du plan à plus long terme du projet. Assurez-vous simplement que vous vous immergez complètement dans une crypto-monnaie avant de décider d'investir.

Le Litecoin comme investissement pour 2022

Outre les bonnes nouvelles concernant Cardano, il existe d'autres monnaies dans lesquelles vous pouvez investir en 2022. Le Litecoin, par exemple, est l'une d'entre elles. Cette crypto-monnaie est également considérée comme l'alternative au Bitcoin. En effet, elles fonctionnent toutes deux sur le même type de réseau, à savoir la blockchain. L'un des grands avantages du Litecoin est qu'il s'est avéré être une pièce très solide dans le passé (et dans le présent). Cela rend l'investissement dans cette monnaie d'autant plus intéressant. En outre, contrairement au bitcoin, cette monnaie n'a pas à faire face à des coûts de transaction élevés. Cela pourrait bien jouer en faveur de cet altcoin dans les années à venir. Par conséquent, gardez certainement un œil sur le Litecoin en 2022 et ajoutez cette pièce à votre portefeuille d'investissement.

Investir dans le XRP de Ripple en 2022

En conclusion, il peut certainement apporter le bénéfice nécessaire lorsque vous commencez à investir en XRP de Ripple en 2022. Ripple est impossible d'imaginer le monde de la crypto sans lui. Ces dernières années, cette crypto-monnaie a pris beaucoup de valeur, ce qui en fait une bonne devise pour l'investissement commercial. Bien que peu de personnes éminentes dans le domaine de la crypto osent s'exprimer sur la pièce, certaines sociétés de trading s'attendent à ce que la valeur du Ripple double par rapport à 2021. D'autres s'attendent même à une valeur encore plus élevée sur le prix du Ripple. Ne vous fiez jamais entièrement à ce genre d'attentes, mais voyez par vous-même quel est le meilleur choix en termes d'investissement en crypto-monnaies pour votre entreprise. Personne ne peut vraiment prédire l'avenir des crypto-monnaies comme le taux de change du Cardano.

Ethereum [ETH] 2022

Ethereum est un réseau de blockchain décentralisé qui possède sa propre crypto-monnaie pour payer, la crypto-monnaie Ether (ETH). Ethereum est un candidat de premier plan en raison de sa fonctionnalité de contrat intelligent. Les contrats intelligents sont comme des contrats sur papier qui sont exécutés lorsque toutes les conditions sont remplies, mais sans intermédiaire tel qu'une banque ou un autre intermédiaire. Divers développeurs utilisent le réseau Ethereum pour créer divers projets, tels que des échanges décentralisés (DEX), des jetons de sécurité (qui peuvent remplacer les certificats en papier et d'autres produits financiers), des jetons non remplaçables (NFT) qui sont utilisés pour remplacer des œuvres d'art et d'autres objets de valeur, comme par exemple la création de nouvelles crypto-monnaies entièrement avec la norme de jetons ERC-20 d'Ethereum.

Ethereum est en train de changer son mécanisme de consensus pour passer à une preuve d'enjeu (PoS) de son mécanisme PoW avec la mise à jour ETH2.0. Les Stakers peuvent maintenant offrir leur ETH comme investissement déposé pour un revenu passif supplémentaire. Il s'agit non seulement d'un rendement supplémentaire, mais aussi d'une meilleure solution pour l'environnement. Après tout, le minage à l'ancienne consomme beaucoup d'énergie.

Qu'est-ce qui fait de l'Ethereum un bon investissement ?
Ethereum est le plus grand réseau de blockchain pour les applications décentralisées et possède la deuxième plus grande capitalisation boursière derrière le Bitcoin.

Avec ses applications décentralisées et la norme de jeton ERC-20, Ethereum offre de nombreuses opportunités pour différents projets et constitue le premier choix pour le développement de nouvelles crypto-monnaies.
L'Ether est la seule pièce dont on parle pour dépasser le bitcoin à court terme, et tous les dApps, contrats intelligents, jetons de sécurité, NFT et de nombreux autres produits exigent qu'ils fonctionnent sur la blockchain ETH.

L'ETH a montré une forte capacité depuis 2015, et il évolue encore pour s'améliorer. Par exemple, il y a la mise à niveau ETH2.0 en cours qui contribue à un mécanisme de consensus PoS beaucoup plus efficace et rapide et au système de Shards. L'ETH reste l'une des meilleures crypto-monnaies 2022 .

Strike est un générateur de revenus supplémentaires (environ 8% par an) pour les investisseurs qui souhaitent détenir de l'ETH et obtenir un rendement supplémentaire. Sur Binance, vous pouvez frapper l'ETH et d'autres crypto-monnaies.

Polkadot [DOT] 2022

Polkadot est un réseau blockchain propriétaire qui a connecté différentes blockchains ayant des fonctions différentes, pour les faire fonctionner ensemble. Polkadot permet aux développeurs, comme Ethereum, de créer des applications et des contrats intelligents. Les chaînes de relais de Polkadot permettent la communication des dApps avec d'autres réseaux blockchain. Grâce à l'interopérabilité de Polkadot, il est devenu facile de transférer des actifs entre différentes blockchains, et Polkadot présente les vitesses de transaction potentielles les plus élevées du secteur. DOT ne peut pas être mis en jeu, mais il peut être investi par l'intermédiaire de Bitvavo pour la crypto 2022.

Qu'est-ce qui fait de Polkadot un bon investissement ?

Polkadot peut communiquer avec d'autres réseaux, y compris Ethereum. Polkadot compte un nombre croissant de programmeurs, lors d'un webinaire Keith Bliss (président Capital2Markets) en a parlé : "Polkadot est un concurrent d'Ethereum et de nombreux programmeurs l'utilisent car il est plus sécurisé. Il leur permet de construire leurs propres blockchains".

Polkadot s'attaque à l'extensibilité, un problème majeur de la blockchain. Les parachains de Polkadot réduisent la congestion. Cette caractéristique améliorée en fait également un bon choix d'investissement.

Vitalik Buterin, l'un des fondateurs de Polkadot, a également cofondé Ethereum, lui donnant ainsi une base solide et le soutien de nombreux investisseurs.

Cosmos [ATOM] 2022

Cosmos se considère comme un projet qui résout certains des "problèmes les plus difficiles" auxquels est confrontée l'industrie de la blockchain. Il vise à fournir un antidote aux protocoles de preuve de travail "lents, coûteux, non évolutifs et nuisibles à l'environnement", tels que ceux actuellement utilisés par le bitcoin.

Les autres objectifs du projet consistent à rendre la technologie blockchain moins complexe et difficile pour les développeurs grâce à un cadre modulaire qui démystifie les applications décentralisées. Enfin, un protocole de communication Inter Blockchain permet aux réseaux blockchain de communiquer plus facilement entre eux, évitant ainsi la fragmentation du secteur. ATOM ne peut pas être mis en jeu, mais il est possible d'y investir par l'intermédiaire de Bitvavo.

Qu'est-ce qui fait de Cosmos un bon investissement ?

Le jalonnement est un générateur de revenus supplémentaires avec les pièces ATOM pour les investisseurs qui souhaitent détenir ATOM et obtenir un rendement supplémentaire. Sur Binance, vous pouvez frapper ATOM et d'autres cryptocoins.

Cosmos, décrit comme "Blockchain 3.0", a pour objectif de s'assurer que l'infrastructure est facile à utiliser. Cela permet de construire facilement un réseau en utilisant des morceaux de code qui existent déjà. À long terme, on espère que cela permettra de produire facilement des applications complexes.

L'évolutivité est une autre priorité, ce qui signifie qu'il est possible de traiter beaucoup plus de transactions par seconde que les blockchains plus traditionnelles comme Bitcoin et Ethereum.

Polygone [MATIC] 2022
Polygon (anciennement Matic Network) est la première plateforme bien structurée et facile à utiliser pour la mise à l'échelle et le développement d'infrastructures Ethereum. Son composant principal est le Polygon SDK, un cadre modulaire et flexible qui permet de créer plusieurs types d'applications.
Polygon transforme effectivement Ethereum en un système multi-chaîne à part entière (également connu

sous le nom d'Internet des blockchains). Ce système multi-chaînes s'apparente à d'autres systèmes tels que Polkadot, Cosmos, Avalanche, etc. Avec les avantages de la sécurité, de l'écosystème dynamique et de l'ouverture d'Ethereum. MATIC ne peut pas être mis en jeu, mais peut être investi par l'intermédiaire de Bitvavo.

Qu'est-ce qui fait de Polygon un bon investissement ? Vous pouvez considérer la crypto du Polygon comme un train express. Il est sur la même voie que tous les autres trains, mais il roule plus vite et fait moins d'arrêts en cours de route. Dans cet exemple, la voie est l'Ethereum, où Polygon effectue des transactions plus rapidement que les autres réseaux cryptographiques. La plateforme utilise un consensus POS ou proof-of-stake pour sécuriser le réseau et créer une nouvelle monnaie.
Polygon peut se vanter d'effectuer jusqu'à 65 000 transactions par seconde sur une seule chaîne latérale, avec un temps de transaction respectable de moins de deux secondes.

Algorithme [ALGO] 2022
Algorand est l'une des plateformes open-source les plus populaires utilisant la technologie blockchain. Algorand, en tant que réseau décentralisé, est intentionnellement construit pour résoudre les trois problèmes urgents de la technologie blockchain, à savoir la décentralisation, la vitesse et la sécurité.

Algorand est utilisé pour créer des applications pour les actifs numériques, l'identité, les titres, les chaînes logistiques, les infrastructures, les stablecoins, l'environnement, le gouvernement/secteur public, les institutions financières, la finance décentralisée (DeFi), les jeux et les assurances.

Qu'est-ce qui fait d'Algorand un bon investissement ?
L'une des applications construites pour l'identité FLEXFINTX a été d'une aide précieuse pour aider plus de 400 millions d'Africains à obtenir une identité numérique.

Algorand est conçu pour avoir des coûts de transaction plus faibles, ainsi que pour ne pas avoir recours au minage (comme le processus énergivore du Bitcoin), car il est basé sur le protocole de blockchain de preuve d'enjeu (PoS).

Les investisseurs peuvent acheter la pièce Algorand ALGO par le biais d'échanges de crypto-monnaies comme Bitvavo, et elle est considérée comme l'une des meilleures crypto-monnaies 2022.

Enjin [ENJ] 2022

Enjin Coin est une crypto-monnaie blockchain destinée uniquement aux joueurs. En 2017, la société Enjin, basée à Singapour, a lancé cette monnaie en tant que jeton conforme à la norme ERC-20. Ce que cela signifie, c'est que vous pouvez envoyer et recevoir des ENJ en utilisant un portefeuille Ethereum. Ce qui est beaucoup plus intéressant, cependant, c'est ce à quoi ENJ est dépensé. La plupart des crypto-monnaies sont utilisables pour acheter quelque chose.

ENJ a une facilité d'utilisation unique qui fait partie du fonctionnement de la pièce. Les joueurs peuvent utiliser ENJ pour acheter des NFTs dans différents jeux. Les NFT ou jetons non remplaçables sont utilisés pour acheter du contenu numérique uniquement et sont actuellement très populaires, ce que vous pouvez voir dans le prix actuel sur Bitvavo.

Qu'est-ce qui fait d'Enjin un bon investissement ?

Enjin Coin utilise une série de contrats intelligents que les développeurs de jeux envoient à ENJ pour créer de nouveaux jetons uniques remplaçables ou non remplaçables ERC-1155. Ces jetons peuvent être échangés sur la place de marché d'Enjin ou échangés contre leur contrepartie ENJ. Au fur et à mesure que des jetons personnalisés sont frappés, davantage d'ENJ sont retirés de l'écosystème, ce qui les rend plus rares.

Witek Radomski, cofondateur d'Enjin, a écrit le code de l'un des tout premiers jetons non fongibles (NFT) et est également le coauteur de la norme ERC-1155 pour les jetons Ethereum.

Avec le succès croissant des NFT, Enjin est susceptible de connaître une forte appréciation des prix et est également considéré comme l'un des meilleurs altcoins 2022.

Stratégies de profit à long terme

Les crypto-monnaies ont connu un début d'année difficile au milieu de multiples préoccupations dans le secteur. La plus grande préoccupation est la Réserve fédérale, qui s'est engagée à agir de manière plus agressive dans sa lutte contre l'inflation. Les monnaies se sont également effondrées en raison des craintes croissantes concernant les valorisations dans le secteur des crypto-monnaies.

Les crypto-monnaies telles que le Bitcoin, l'Ethereum, le Ripple et le Cardano ont toutes chuté de plus de 50 % par rapport à leur point culminant historique. Dans cet article, nous allons mettre en évidence les dix meilleures cryptocurrences dans lesquelles investir pour réaliser des gains à long terme.

Bitcoin

Le bitcoin est une crypto-monnaie de premier plan lancée en 2009 par Satoshi Nakamoto. Cette monnaie a été créée comme une alternative aux monnaies fiduciaires telles que le dollar américain et l'euro. La différence est qu'elle serait décentralisée par nature, ce qui signifie qu'aucune entité unique n'aurait beaucoup de pouvoir sur elle.

À son apogée, le bitcoin s'échangeait à près de 70 000 dollars. Aujourd'hui, il s'est effondré à environ 25 000 dollars, en raison des inquiétudes croissantes concernant la Réserve fédérale. Pourtant, il y a une chance que le prix de la monnaie se porte bien à l'avenir. Contrairement à d'autres monnaies, elle est très sûre et l'offre diminue de manière significative.

En outre, le bitcoin a été adopté par certaines des plus grandes entités du monde. Par exemple, Tesla possède des bitcoins d'une valeur de plus d'un milliard de dollars. De même, des entreprises telles que MicroStrategy et Square ont des bitcoins dans leurs bilans. Par conséquent, le prix du bitcoin est susceptible de constituer un bon investissement à long terme.

Ether
Ether est le jeton original de l'écosystème Ethereum. Ethereum est une blockchain de premier plan qui permet aux développeurs de créer des applications décentralisées de haute qualité dans tous les secteurs. Il est possible de créer des applications dans des domaines tels que la finance décentralisée (DeFi), les jetons non remplaçables (NFT) et les métavers.

L'Ethereum est devenu un acteur majeur de ces industries. Par exemple, il a été utilisé pour créer des applications comme Axie Infinity, Aave, Curve Finance et Decentraland. Comme l'industrie de la blockchain devrait continuer à se développer, Ethereum est susceptible de continuer à jouer un rôle important.

Ethereum est également un bon investissement en raison de son passage d'un réseau de preuve de travail à un réseau de preuve d'enjeu. Cette évolution, associée à l'adoption de la technologie sharding, entraînera une augmentation de la demande. Par conséquent, il est possible que le prix de l'Ethereum continue à bien se porter.

ATOOM

ATOM est le jeton natif de l'écosystème Cosmos. Cosmos est une plateforme blockchain de premier plan qui aide à connecter plusieurs monnaies. Selon son site Web, elle compte des centaines de jetons d'une valeur totale de plusieurs milliards. En même temps, son SDK est utilisé pour construire certaines des principales plateformes blockchain du secteur, comme ThorChain et Osmosis. Le prix d'ATOM se portera bien à mesure que la croissance de l'écosystème se poursuivra.

Le bac à sable

The Sandbox est l'un des plus grands métavers de l'industrie. Il s'agit d'une plateforme qui permet aux personnes et aux entreprises d'acheter des biens immobiliers virtuels en ligne. Elle est également devenue l'une des principales plateformes d'échange de jetons virtuels non fongibles (NFT). En outre, c'est un écosystème de jeu de premier plan qui permet aux gens de jouer à des jeux virtuels dans des tournois connus sous le nom d'Alpha. Le jeton SAND est susceptible de continuer à augmenter sur le long terme.

MKR

MKR est le jeton natif de l'écosystème Maker. Maker est une plateforme DeFi de premier plan qui permet aux gens d'emprunter et d'épargner sur le réseau. Elle se distingue des autres plateformes DeFi par sa propre monnaie stable, appelée Dai. En outre, contrairement

aux autres plateformes, elle utilise son propre système
d'oracle. Ainsi, il y a une chance que le prix du MKR
augmente à long terme, surtout après l'effondrement
d'Anchor Protocol.

LIEN

LINK est une autre crypto-monnaie populaire qui
constitue un bon investissement à long terme. Il s'agit
d'une plateforme de premier plan qui permet aux
développeurs de blockchain de simplifier leur processus
de développement. Elle le fait en les aidant à intégrer
des données hors chaîne dans la chaîne en cours.

Il détient la plus grande part de marché du secteur et
est utilisé par les principales plateformes DeFi telles que
Aave et Uniswap. Avec sa part de marché et sa forte
croissance, il y a des chances qu'il se porte bien à long
terme.

Le bitcoin atteindra-t-il les 100 000 dollars en 2022 ?

Les prévisions du prix du bitcoin pour 2021 se sont révélées un peu différentes pour de nombreux investisseurs. Mais malgré des attentes élevées, le bitcoin a tout de même enregistré de bonnes performances. Avec un rendement de 64 % en 2021, le bitcoin a laissé tous les autres actifs d'investissement loin derrière. De nombreux analystes, ainsi que de nombreux investisseurs particuliers, s'attendaient à ce que le prix du bitcoin atteigne 100 000 dollars à la fin de 2021.

En réalité, les prix des crypto, y compris ceux du bitcoin, sont restés un peu à la traîne à cet égard. Qu'est-ce que cela a à voir et le Bitcoin atteindra-t-il encore 100K en 2022 ?

Les prix des crypto sont difficiles à prévoir, mais nous aimerions savoir si investir dans le bitcoin est toujours judicieux et si 100K est une possibilité. Pour vous donner un coup de main à ce sujet, vous pouvez examiner un certain nombre d'événements et de changements. Il était une fois, bien sûr, le bitcoin a aussi été conçu pour une raison. L'impulsion a été donnée par la crise financière de 2008 et aujourd'hui, tant d'années plus tard, le système financier semble être dans un état encore pire.

Une personne qui ne croit pas au bitcoin n'investira probablement pas non plus. Mais si vous êtes intéressé, peut-être qu'après avoir lu cet article, vous le regarderez différemment. Ce que je mentionne sont des faits, plus ma propre opinion. Les deux sont le fruit de mes propres recherches. Par conséquent, cet article n'est absolument pas destiné à servir de conseil en investissement. Avec les informations que j'y trouve, j'essaie seulement de vous montrer si et comment le bitcoin pourrait devenir important à l'avenir.

Du sable dans le moteur

Au 1er janvier 2021, le prix du bitcoin a doublé, passant de 25 500 dollars à 51 000 dollars en trois mois. Il n'y a pas que le Bitcoin qui a bien fait, d'ailleurs, d'autres crypto prix comme l'Ethereum ont aussi bien fait. On en a beaucoup parlé et les prédictions ont plu. L'attente du prix du bitcoin pour 2021 était pour beaucoup - d'atteindre la limite magique de 100 000 $. L'un de ces prédicteurs était le Plan B.

Le Plan B est connu pour son modèle Stock-to-Flow (S2F). Ce modèle prévoyait ainsi 100 000 dollars à la fin de 2021 et, avec un modèle amélioré, même un prix du bitcoin de 288 000 dollars en 2024. Bien que Plan B soit un Néerlandais connu, il reste anonyme dans les médias. Avec son modèle, il mesure la rareté du bitcoin, pour ainsi dire. Pour ce faire, il divise l'offre actuelle (stock) de bitcoins par le nombre de bitcoins produits annuellement (flux).

Et comme la récompense pour le minage diminue de moitié en moyenne tous les quatre ans, les bitcoins arrivent sur le marché à un rythme de plus en plus lent.

Si la demande de la monnaie continue de croître, une attente de prix du bitcoin de 100K est tout à fait possible à court terme. D'autant plus que le nombre de bitcoins est fixé à un maximum de 21 millions.

Au fait, le modèle du plan B remonte à mars 2019 et a duré jusqu'à début décembre 2021. Pour beaucoup, le fait que la prédiction ait soudainement cessé de se réaliser a été un choc. Le bitcoin atteindra-t-il encore 100 000 dollars en 2022 ? Oui, selon le Plan B, il le fera, il se dit toujours confiant. Le modèle est toujours intact à ses yeux. Même si nous devrions commencer à voir des signes de reprise dans les premiers mois de 2022.

Trop guidé par les prédictions
Bien sûr, sa prédiction du prix du bitcoin n'est pas fausse, c'est pourquoi il est compréhensible que les gens observent son modèle de près. Il semblait que ce n'était qu'une question de patience avant que le bitcoin n'atteigne 100K.

Bien sûr, il arrive régulièrement que des prédictions soient faites, qu'elles soient positives ou négatives. Seulement, vous en avez si peu l'utilité.

Pourtant, son modèle, basé sur la rareté, semble tout à fait crédible. Mais qu'est-ce que cela fait à vos émotions, lorsque le prix du bitcoin ne suit plus le modèle ?

En réalité, c'était encore pire ; le bitcoin n'a même pas atteint les 50 000 dollars. En somme, une grande déception qui s'est transformée en peur.

Après le dernier pic (pour l'instant) du 9 novembre 2021, le prix du bitcoin est actuellement de 18 000 dollars en moins. Les nouvelles concernant la variante Omikron, ainsi que l'inflation élevée et la crise actuelle, semblent être la cause de la chute du prix. Et que dire de la Chine, qui interdit strictement les crypto-monnaies. Lorsque l'incertitude règne, on constate souvent que l'argent est d'abord retiré des investissements risqués.

Les crypto-monnaies, bien sûr, sont l'une d'entre elles. D'autre part, lorsque l'argent a moins de valeur, les gens cherchent des moyens de s'en protéger.

Plus d'incertitude

Outre le fait que l'inflation est élevée, ce sont précisément les faibles taux d'intérêt qui inquiètent. Normalement, la BCE (Banque européenne) peut influencer l'inflation en jouant sur les taux d'intérêt. La seule chose qu'ils peuvent faire maintenant est de faire monter le taux d'intérêt, une baisse n'est plus possible.

Mais en cas de crise, ils préfèrent ne pas faire monter le taux d'intérêt. Dès que le taux d'intérêt augmente, emprunter devient plus cher et moins d'argent sera dépensé. Et la baisse des taux d'intérêt ainsi que les milliards de dollars de mesures de relance sont précisément destinés à maintenir l'économie.

L'inflation élevée n'est probablement pas non plus temporaire et il y a un risque qu'elle augmente encore plus. Cela signifie que la monnaie fiduciaire vaut de moins en moins et tant que l'épargne ne sera pas intéressante, les gens continueront à chercher des alternatives.

Taches lumineuses

La quantité d'argent qui a été imprimée récemment est, bien sûr, l'une des raisons de l'inflation. Selon l'économiste Edin Mujagic, le passé montre que l'impression de monnaie à grande échelle ne s'est jamais bien terminée. Il ne voit pas pourquoi cela se terminera bien cette fois-ci. Edin a grandi en Yougoslavie et affirme que la guerre de l'époque a finalement été causée par l'hyperinflation. Ce qui l'inquiète particulièrement, ce sont les similitudes qu'il voit entre l'ex-Yougoslavie et la situation financière actuelle des Pays-Bas et de l'Europe.

On ne peut pas dire que ce soit un point positif et il est certain qu'il faudra un jour payer la facture. Je n'ose pas dire ce que cela signifiera exactement pour nous. Mais il est bon d'y penser. Ce n'est pas pour rien que 2021 a été l'année où de nombreux investisseurs institutionnels ont décidé de commencer également à investir dans le bitcoin et d'autres cryptocurrences.

Même des pays comme le Salvador et l'Ukraine stockent des bitcoins. Bien sûr, les parties institutionnelles et les pays n'investiraient pas dans les bitcoins s'ils n'y croyaient pas. La principale raison pour laquelle les gens investissent est que les bitcoins sont rares et qu'ils veulent se protéger de l'inflation. Il n'est pas fou de penser que l'intérêt et l'acceptation croissants du bitcoin vont continuer à augmenter dans les décennies à venir. Peut-être que 100K pour 2022 est juste un peu trop ambitieux, mais que cette limite sera atteinte, j'en suis convaincu.

Vous voulez mieux comprendre comment notre système monétaire actuel a été créé et fonctionne (ou plutôt ne fonctionne plus).

Économie post covide

Deux années de corona ont eu un impact évident sur la façon dont les gens dépensent leur argent. Bien que les dépenses totales par carte de crédit soient presque revenues aux niveaux de 2019 - avec une baisse de -2% - la répartition des dépenses a totalement changé. On constate notamment une forte augmentation des achats d'articles d'occasion. Avec une croissance de +144%, c'est la catégorie de produits qui connaît la plus forte croissance.

La catégorie qui a connu la plus forte croissance en termes de dépenses par carte de crédit est celle des services financiers. Cela est dû aux achats de crypto-monnaies qui ont augmenté de +1 580 %.

Cependant, les dépenses en voyages et restaurants n'ont pas encore retrouvé leur niveau antérieur. C'est ce que révèle ICS Credit Card Facts, une analyse réalisée par ICS sur les données relatives aux cartes de crédit au cours de la période allant du 1er trimestre 2019 au 1er trimestre 2022.

L'évolution des données donne une bonne idée des changements de choix opérés par les consommateurs ces dernières années. Les articles d'occasion se portent remarquablement bien. Les gens ont eu plus de temps pour apporter des changements majeurs à leur maison et mettre en vente des articles inutiles en raison des blocages. Les crypto-monnaies ont également été

achetées en abondance au cours des deux dernières
années.

Les gens disposaient de l'argent qu'ils auraient
autrement dépensé pour des vacances ou l'hôtellerie et
avaient plus de temps pour apprendre les tenants et
aboutissants du trading de crypto-monnaies. Une
troisième hausse notable, la catégorie "services
numériques", a augmenté de 41 %. Cette hausse est
principalement due à une augmentation des dépenses
en services de streaming.

Catégories qui sont toujours en cours de récupération
Il existe également des catégories qui ont
traditionnellement obtenu de bons résultats, mais qui
n'ont pas encore retrouvé leurs anciens niveaux. Par
exemple, nous constatons que la catégorie
"Alimentation et boissons" est encore inférieure de 17
% à celle d'il y a deux ans. Cela est principalement dû à
une baisse des dépenses dans les restaurants, car nous
étions encore en lockdown pendant une grande partie
du mois de janvier. Les dépenses y sont au 1er trimestre
2022, inférieures de 27 % à celles de la même période
en 2019. Les dépenses pour la livraison de nourriture
ont toutefois connu une forte hausse de 355 %. Dans le
domaine des voyages, on observe le même tableau avec
une baisse de 11 %. Cependant, les récentes dépenses
par carte de crédit montrent la reprise du secteur du
voyage. Les dépenses du premier trimestre de cette
année sont supérieures de 312 % à celles du premier
trimestre de 2021. Le divertissement est en baisse de -

9%, principalement en raison des dépenses de -13% pour le cinéma et le théâtre.

Beaucoup de dépenses par carte de crédit en Autriche et en Islande

Les tendances des dépenses par carte de crédit dans 50 pays du monde ont été examinées. La plus forte augmentation des dépenses hôtelières au premier trimestre 2022 par rapport au même trimestre de l'année précédente est l'Autriche, avec +4,260%. En deuxième position se trouve l'Islande avec +2380% et en troisième position la Norvège avec +1279%. Il devrait être évident que la croissance des dépenses dans les hôtels autrichiens est due aux touristes qui ont pu retourner sur les pistes de ski autrichiennes et à l'après-ski cette année. L'augmentation des dépenses aux péages est sans doute aussi liée à l'augmentation du nombre d'amateurs de sports d'hiver. Avec les restrictions imposées aux voyages vers les pays hors d'Europe, les destinations "spéciales" en Europe - comme l'Islande et la Norvège - ont peut-être gagné en popularité.

Augmentation des fraudes

Avec l'avènement de Corona et l'essor rapide des achats en ligne, la proportion de boutiques en ligne malhonnêtes a également augmenté. Glenn Mac Donald, CCO de l'ICS : "Nous avons connu des années mouvementées et cela se reflète clairement dans nos données sur la fraude. ICS surveille en permanence si les sites sont potentiellement frauduleux et agit rapidement. C'est pourquoi nous avons mis hors ligne environ 350 sites au cours du dernier trimestre et remplacé préventivement près de 5 000 cartes. Lorsqu'on paie avec une carte de crédit, la protection et l'assurance des achats garantissent généralement que les consommateurs récupèrent leur argent, même en cas de fraude." Il poursuit : "Nous voyons aussi très clairement dans nos données que la transition numérique s'est formidablement accélérée. Les gens ont souvent dû faire leurs achats en ligne en raison des blocages et ils ont continué à le faire. Ainsi, par rapport à 2019, les achats en ligne ont augmenté de 34 %, mais les dépenses hors ligne ont diminué de 23 %. Dans les analyses ultérieures de Credit Card Facts, nous allons voir dans quelle mesure les achats hors ligne vont encore se redresser ou si la transition numérique s'avère permanente dans certaines catégories."

Comment commencer à investir dans les crypto-monnaies ?

Une condition préalable au succès est d'atteindre un objectif. Ne commencez pas les crypto-monnaies comme un poulet sans tête. Commencez avec un objectif. Pourquoi voulez-vous vous lancer dans les crypto-monnaies ? Quel est votre objectif d'investissement ? Par expérience, je voudrais vous donner le conseil de toujours penser à long terme.

Par exemple, fixez-vous un objectif concret : d'ici [xx ans], je veux disposer de x sommes d'argent en patrimoine grâce aux investissements.

C'est un objectif global de l'investissement. Commencer à investir dans les crypto-monnaies devrait en faire partie. Les investisseurs qui réussissent multiplient les opportunités. Comprenez que les crypto-monnaies sont extrêmement risquées. Vous ne voulez pas mettre tout votre argent sur un seul cheval. Pas même si c'est un cheval très rapide (avec des chevilles fragiles). Car c'est ainsi que fonctionne l'investissement en crypto-monnaies
Cher investisseur à long terme, ici vous pouvez lire tout sur l'investissement en crypto. De l'investissement en crypto pour les débutants aux meilleures applications de crypto. Y compris un tutoriel complet (explication) sur la façon d'investir en ligne dans.
Il peut s'élever rapidement, mais aussi tomber durement.

Si je peux vous donner un conseil/une ligne de conduite, c'est de ne pas mettre plus de 10% de vos actifs d'investissement totaux dans les crypto.

Ce n'est peut-être pas ce que vous voulez lire. Mais je veux vous protéger des grosses pertes d'argent. Surtout en tant qu'investisseur novice, vous pouvez aller énorme sur votre chance avec les crypto-monnaies. Le but de cet article est de vous apprendre comment commencer à investir avec succès dans les crypto-monnaies. Pas comment devenir riche rapidement ou pauvre rapidement....

Les investisseurs qui réussissent répartissent les opportunités pour atteindre l'objectif d'investissement. Investir dans d'autres actifs que la crypto. J'y reviendrai plus tard 😊 .

Dans le cadre de votre objectif global, vous devez donc savoir comment l'investissement en crypto-monnaies va y contribuer.

Commencer à investir dans les crypto-monnaies vous-même ou externaliser le processus ?

Se lancer dans les crypto-monnaies est risqué. Néanmoins, il peut être lucratif d'y investir une petite partie. Après tout, un risque élevé peut également conduire à des rendements potentiellement élevés.

La question est la suivante : comment voulez-vous commencer à investir en crypto-monnaies ?

Fondamentalement, vous avez deux options : vous commencez à investir vous-même, ou vous laissez les autres le faire.

En général, avec vos propres efforts, vous pouvez potentiellement obtenir des rendements plus élevés. Cela n'est vrai que si vous avez les bonnes connaissances et compétences. Et comme commencer avec la crypto est assez risqué, il peut ne pas être imprudent de le faire externaliser. Cela présente un certain nombre d'avantages, comme le fait que vous n'avez pas besoin de temps ni de connaissances pour cela. L'inconvénient est que cela a un coût. La question est de savoir si vous obtiendrez de meilleurs résultats au final (rendement - coût) si vous le faites vous-même.

Si vous voulez vous lancer dans les crypto-monnaies et préférez externaliser (ce qui, franchement, peut être judicieux).

Commencez par la diversification et la recherche : constituez un portefeuille d'investissement en crypto-monnaies.

Les investisseurs qui réussissent ne se contentent pas de choisir la diversification. Ils font également beaucoup de recherches sur les meilleurs investissements. En particulier avec les actions individuelles et les crypto-monnaies, votre succès repose sur la recherche. Vous ne voulez investir que dans les meilleures crypto-monnaies, n'est-ce pas ? Avec les actions, c'est plus facile : vous pouvez analyser les entreprises pour leur

107

croissance future (en termes de bénéfices). Avec les crypto-monnaies, ce n'est pas possible. Cependant, vous pouvez examiner le potentiel futur.

Vous l'avez deviné : le potentiel futur signifie aussi que ce potentiel peut ne pas être atteint. C'est plus incertain qu'avec les actions. Les actions sont des entreprises physiques qui réalisent des bénéfices (ou des pertes). Les crypto-monnaies sont (pour l'instant) surtout des idées ou des concepts. C'est pourquoi commencer avec les crypto-monnaies est si risqué.

La solution ? Constituer un portefeuille d'investissement en crypto-monnaies. Dans le cadre de la diversification des risques, un tel portefeuille devrait être composé d'au moins les 15 crypto monnaies les plus populaires. Et idéalement les 30 premières.

Commencer par la diversification et la recherche : construire un portefeuille d'investissement en crypto-monnaies.

Les investisseurs qui réussissent ne se contentent pas de choisir la diversification. Ils font également beaucoup de recherches sur les meilleurs investissements. En particulier avec les actions individuelles et les crypto-monnaies, votre succès repose sur la recherche. Vous ne voulez investir que dans les meilleures crypto-monnaies, n'est-ce pas ? Avec les actions, c'est plus facile : vous pouvez analyser les entreprises pour leur croissance future (en termes de bénéfices). Avec les crypto-monnaies, ce n'est pas possible. Cependant, vous pouvez examiner le potentiel futur.

Vous l'avez deviné : le potentiel futur signifie aussi que ce potentiel peut ne pas être atteint. C'est plus incertain qu'avec les actions. Les actions sont des entreprises physiques qui réalisent des bénéfices (ou des pertes). Les crypto-monnaies sont (pour l'instant) surtout des idées ou des concepts. C'est pourquoi commencer avec les crypto-monnaies est si risqué.

La solution ? Constituer un portefeuille d'investissement en crypto-monnaies. Dans le cadre de la diversification des risques, un tel portefeuille devrait être composé d'au moins les 15 crypto monnaies les plus populaires. Et idéalement les 30 premières.

Bien sûr, la diversification diminue le rendement potentiel. Supposons que vous investissiez 1000 $ dans la meilleure crypto-monnaie. Vous pourriez alors obtenir un rendement de +500 % (soit x6). Mais pour la même chose, ça se passe mal et vous perdez tout votre argent.

Ne vaut-il pas mieux répartir 1000 $ sur 30 crypto-monnaies ? Vous obtiendrez peut-être un rendement inférieur de, disons, +100 % (à long terme). Mais le potentiel de baisse est également plus faible. Après tout, si une des 30 pièces est très performante avec un rendement de x30, cela donne 33,3 $ x 30 = 999 $ de rendement.

La probabilité de rendements positifs augmente avec la diversification à travers un portefeuille de crypto-monnaies.

Vous voulez vous lancer avec succès dans l'investissement en crypto-monnaies ? Notre conseil est de choisir un portefeuille de crypto-monnaies. Augmentez vos chances de faire des bénéfices et diminuez vos chances de perdre de l'argent.

Commencez par un petit dépôt mensuel

Vous voulez obtenir des rendements élevés avec les crypto-monnaies ? Le meilleur moyen est d'acheter bas et de vendre haut. Cela signifie un trading actif de crypto-monnaies où vous vendez lors des pics et achetez lors des baisses. Le graphique ci-dessus montre comment s'y prendre.

Sur un graphique, cela semble facile. Alors pourquoi tant d'investisseurs en crypto-monnaies perdent-ils de l'argent ? Parce que nous sommes des créatures émotionnelles. Le marché des crypto-monnaies est excitant et volatile. Tout le monde attend le prochain engouement. Et une fois que cela se produit, il semble que le ciel soit la limite. Au jour le jour, il est difficile d'agir de manière rationnelle.

Conseil : vous voulez vendre haut et acheter bas ? Laissez vos émotions de côté et utilisez des ordres limites automatiques. Prenez du recul et observez le marché sur un "niveau mensuel", plutôt que sur un "niveau quotidien".

Cela demande des connaissances et des compétences. Cette stratégie n'est pas adaptée aux débutants en crypto-monnaies. Il existe peut-être une meilleure stratégie pour les débutants.

En tant que débutant, vous pouvez obtenir de meilleurs résultats avec la stratégie suivante :

N'investissez qu'avec l'argent dont vous disposez
Investissez chaque mois un petit montant dans votre portefeuille de crypto-monnaies.

Faites-le pendant plusieurs années consécutives (si vous croyez aux crypto-monnaies).

Achetez un supplément lorsque le marché des crypto-monnaies chute fortement (par exemple, -30 % ou même -70 %).

Vendez une partie de votre dépôt lors de pics importants (par exemple, à +50% ou +100%). Mettez ce montant de côté et pariez selon l'étape 2 et/ou l'étape 4.
Vous pouvez aussi encaisser les bénéfices et les placer sur votre compte d'épargne ou dans des investissements moins risqués.

Bien sûr, il est préférable de n'acheter que lors des grands krachs. Mais il existe de nombreux facteurs (émotionnels) qui vous poussent à faire des erreurs dans le timing du marché. Avec un dépôt mensuel, vous visez un prix d'achat moyen sur le marché. Si le marché monte à long terme, vous ferez des bénéfices.

Ce qu'il ne faut jamais faire, c'est acheter uniquement en cas d'emballement et de pics !

Saviez-vous qu'en investissant seulement 100 dollars par mois dans des crypto-monnaies, vous pouvez obtenir 373 960 dollars de richesse sur 30 ans ?

Travaillez sur vos connaissances et vos compétences pour réussir vos investissements en crypto-monnaies.

Vous avez créé un compte et constitué un portefeuille de crypto-monnaies. Vous commencez par un dépôt mensuel. En cas de gros crash du marché, vous achetez un peu plus. Super : c'est un début réussi pour investir dans les crypto-monnaies. Comment procéder ?

La connaissance est le pouvoir.

Les investisseurs qui réussissent investissent dans des actifs dont ils savent qu'ils produiront des bénéfices à l'avenir. Investir comporte des risques. La connaissance n'est donc jamais une certitude à 100 %, mais plutôt une forte probabilité de s'en approcher.

L'étape suivante pour se lancer avec succès dans les crypto-monnaies consiste à travailler sur vos connaissances et vos compétences. Apprenez à connaître le marché. Acquérir de l'expérience. Faites des recherches sur les crypto-monnaies potentielles. Un site Web utile pour cela est coinmarketcap.com. Vous pouvez ainsi trouver beaucoup d'informations sur Internet. Vous pouvez également vous constituer un réseau et vous rendre à des événements cryptographiques.

Qui sait, vous pourriez devenir très expérimenté. Qui sait, vous serez peut-être bientôt en mesure de repérer des crypto-monnaies potentiellement utiles. Plus vous serez avancé, plus vous aurez de chances de gagner.

Une compétence utile dans les crypto-monnaies est l'apprentissage du day trading.

Pour les actions et les ETF, je préfère acheter et conserver. Cela signifie qu'il faut tenir sur le long terme. En crypto, on appelle cela HODL. Je pense que le HODL fonctionne avec les crypto-monnaies les plus populaires et les plus potentielles. Mais avec les crypto-monnaies plus petites, ce n'est probablement pas le cas parce que beaucoup d'entre elles ne sont que de l'"air chaud". L'achat et la vente à court terme peuvent mieux fonctionner avec les crypto-monnaies.

Les day traders expérimentés peuvent gagner beaucoup d'argent.
Gagner plus d'argent ? De nombreux chemins mènent à Rome, mais seule une poignée d'idées constitue le meilleur moyen de gagner de l'argent supplémentaire.

Gagnez de l'argent rapidement et facilement à partir de votre domicile ou d'un emploi. C'est possible. I...
 Avec les crypto-monnaies. Cela s'explique par le fait que le marché des crypto-monnaies est très volatile. Au niveau quotidien, il y a de grands pics et vallées (par exemple 10%). Je ne suis pas moi-même un day trader. En fait, j'ai une aversion pour cela. Mais cela ne veut pas dire que cela pourrait être pour vous.

Devenir un investisseur performant

Vous savez maintenant comment vous lancer dans les crypto-monnaies. Probablement avec succès. Êtes-vous prêt à franchir une nouvelle étape ? Voulez-vous devenir un investisseur à succès ?

Voulez-vous un succès financier durable ?

Constituez ensuite un portefeuille diversifié d'investissements à long terme. Il peut s'agir de divers investissements dans les domaines suivants (liste non exhaustive) :

- Fonds négociés en bourse (ETF) et/ou fonds communs de placement
- Fonds immobiliers et fonds de propriété
- Prêts comme les obligations, le crowdfunding et le P2P Lending

Actions (dividendes)

Il y a (trop ?) de possibilités pour se lancer. Peut-être pouvez-vous commencer par des investissements moins risqués en plus de la crypto. Vous pouvez lire des exemples dans cet article sur la façon d'investir avec des rendements fixes. Ces types d'investissements vous donnent plus de stabilité

Combien devez-vous investir mensuellement en Crypto et Bitcoin pour réaliser des bénéfices ?

De nos jours, il est facile d'investir soi-même dans les cryptomonnaies. Il existe désormais des parties fiables dont les coûts de transaction sont acceptables. Ils vous permettent également de créer un compte gratuit et de transférer facilement de l'argent en entrée et en sortie avec des crypto et des cartes de crédit. Pensez aux plateformes de crypto-monnaies telles que Coinbase, Binance et Bitfinex.

Cependant, c'est une toute autre histoire que d'obtenir soi-même les meilleurs résultats en investissant en crypto. Cela nécessite des connaissances, du temps et une bonne stratégie d'investissement. De nombreuses personnes qui investissent elles-mêmes dans les cryptos perdent de l'argent. Il est préférable de choisir une solution intermédiaire, comme un portefeuille de crypto-monnaies ou le recours à des experts. N'oubliez pas que tout le monde peut investir lorsque le marché est en hausse. Que faites-vous lorsque votre argent s'évapore de -50 % ?

Risque et rendement lors d'un investissement mensuel en crypto et bitcoin.
Investir comporte de grands risques. Les pertes d'argent sont fréquentes. Pour réussir, la diversification des risques est une nécessité absolue. Il faut également

investir à long terme et effectuer de nombreuses recherches.

Sur la question de savoir combien investir mensuellement en crypto et Bitcoin, il faut considérer le risque et le rendement.

Sur le marché boursier, on parle d'un rendement annuel moyen de 8 à 10 % par an. Ceci sur un long terme de 20 à 30 ans. Une année peut être +30%. L'autre année -20%. Comme pour la crypto et le bitcoin, vous pouvez également investir de manière plus risquée avec les actions. Les meilleurs investisseurs au monde réalisent ainsi un rendement annuel moyen de >25%.

Avec la crypto et le bitcoin, il est, pour moi, incertain de ce que pourrait être un rendement annuel moyen. Le marché est encore trop jeune pour cela. Avec le bitcoin, une année est à -80%, et l'année suivante à +500%. La volatilité est extrême. Et cela crée des opportunités.

Pour donner une réponse sensée à la question de savoir combien nous voulons investir en crypto-monnaies chaque mois, nous devons faire des hypothèses. Vous pouvez lire ci-dessous quelles sont ces hypothèses. Ensuite, nous allons voir des calculs concrets comme réponse à notre question.

Hypothèse de rendements annuels moyens en Bitcoin et crypto

Pour déterminer combien investir mensuellement en crypto et Bitcoin, il faut faire des hypothèses. Je suis un optimiste, même si je ne crois pas tellement au bitcoin (mais je crois à la blockchain).

Sur le long terme, 20 à 30 ans, la demande de crypto et de bitcoin va augmenter.
L'hypothèse est un rendement moyen de 15 % par an avec un portefeuille de crypto diversifié (au moins les 30 plus grandes pièces).
C'est possible grâce à l'investissement actif : achetez les périodes creuses et vendez fréquemment lors des sommets.
Une moyenne de 15% par an est élevée. Je pense que c'est réaliste avec des investissements plus actifs. Pour ce faire, vous devez constituer un portefeuille de crypto-monnaies.

Sur le long terme, 20 à 30 ans, la demande de crypto et de bitcoin va augmenter.

L'hypothèse est un rendement moyen de 15 % par an avec un portefeuille de crypto diversifié (au moins les 30 plus grandes pièces).
C'est possible grâce à l'investissement actif : achetez les périodes creuses et vendez fréquemment lors des sommets.

Une moyenne de 15% par an est élevée. Je pense que c'est réaliste avec des investissements plus actifs. Pour ce faire, vous devez constituer un portefeuille de crypto-monnaies.

Avec le bitcoin et les crypto-monnaies, ces pics et ces vallées sont beaucoup plus extrêmes. Et c'est pourquoi je pense que 15% est réaliste pour un investisseur crypto avancé.

Le point de départ important est de ne pas prendre trop de risques. Personnellement, je pense à un maximum de 10% de votre patrimoine total investi mensuellement en crypto et Bitcoin. Plus ou moins est également possible. C'est entièrement votre risque et réalisez que vous pouvez perdre beaucoup d'argent.

Enfin, la crypto et le bitcoin ne sont pas (encore) un investissement passif. Tirez parti de la volatilité des prix. Pour ce faire, vendez haut et achetez bas. Utilisez les ordres à cours limité pour l'automatisation et l'évitement des décisions émotionnelles.

Maintenant vient la partie amusante : combien investir mensuellement en crypto et Bitcoin pour 100K à même 1 million ?

Combien devez-vous investir chaque mois en crypto et bitcoin pour 100 000 dollars ?

La réflexion sur les scénarios est nécessaire lorsqu'on est confronté à un avenir incertain. L'investissement mensuel dans la crypto et le bitcoin est extrêmement incertain. Notre point de départ est un rendement moyen de 15 % par an. Il s'agit d'une hypothèse. Mais vous croyez en la crypto et le bitcoin, et vous décidez donc d'y investir mensuellement. Vous prenez le risque pour acquis. Vous investissez uniquement avec de l'argent que vous pouvez rater à 100%.

Examinons trois scénarios :

Scénario le plus défavorable : -10% de rendement moyen par an sur 20 ans.
Scénario le plus probable : rendement annuel moyen de 15% sur 20 ans
Meilleur scénario : 20 % de rendement moyen par an sur 20 ans.
Dans cet article, nous continuons à utiliser ces scénarios. Le scénario le plus pessimiste n'est pas inclus, bien qu'il s'agisse d'un scénario réaliste. Pour le plus probable, nous retenons notre hypothèse de 15%.

Compte tenu de l'incertitude, il est nécessaire d'utiliser une stratégie d'investissement active qui consiste principalement à "acheter le creux" (acheter bas). Et idéalement, vous vendez de temps en temps à un niveau élevé afin de convertir une partie de vos bénéfices en liquidités pour le prochain creux.

Combien d'investissement mensuel en crypto et bitcoin pour 100.000 dollars dans 20 ans ?

Réponse : 100 à 150 dollars par mois.

Avec une petite somme d'argent, vous pourriez constituer une grande fortune. En effet, le rendement est de 15 %, ce qui est très élevé. Nous sommes optimistes ici. Trop optimistes ? Le temps nous le dira. (Bien que 15% soit considérablement plus bas que les cinq dernières années).

Mais quand même. Même avec des actions, vous pouvez bâtir une grande fortune avec une petite somme d'argent. C'est le pouvoir des rendements à long terme.

Combien devez-vous investir chaque mois en crypto et bitcoin pour 250 000 dollars ?

Soyons plus ambitieux et visons un montant plus important. Combien d'investissements mensuels en crypto et bitcoin pour 250.000 dollars en 20 ans ?

Réponse : 300 - 350 dollars par mois

Notez qu'avec un dépôt plus élevé, vous dépasserez probablement les 10 %. Supposons que vous vouliez investir 500 $ par mois. Si vous investissez au maximum 10 % en crypto, cela ne représente " que " 50 $ par mois. Encore une fois, personnellement, je n'irais pas au-delà de 10 %. Comprenez bien que cela comporte des risques énormes.

Combien devez-vous investir chaque mois dans les crypto et bitcoins pour obtenir 1 million de dollars ?
Voyons encore un scénario à désapprendre. Combien d'investissements mensuels en crypto et bitcoin pour 1 million d'euros ? Cela semble être une somme d'argent

stupéfiante. Cependant, la vérité est que tout le monde peut y arriver. Même avec des rendements de 8 % !

Il y a cependant deux conditions. L'investissement à long terme est la première. Devenir millionnaire en 20 ans est faisable mais difficile. En 30 ans, c'est plus facile (voir le graphique ci-dessous). Deuxièmement, vous devrez investir beaucoup d'argent chaque mois. Vous ne devriez le faire que si vous pouvez le rater à 100%. Cela peut aussi mal se passer.

Si je peux le faire, vous pouvez le faire aussi. (Surtout que je ne suis pas un super investisseur)

Alors : combien investir mensuellement en crypto et bitcoin pour 1 million d'euros d'ici 20 ans ?

Réponse : 1300 - 1500 dollars par mois

Important : avec un rendement de 10 % et un dépôt mensuel de 1 000 dollars, vous aurez également 1 million au bout de 30 ans. Un rendement de 10 % est plus réaliste que 15 %. Ce rendement est réalisable avec un portefeuille d'investissement diversifié en actions, ETFs, immobilier et alternatives. Cela réduit considérablement le risque. En d'autres termes, la sécurité d'atteindre 1 million augmente !